国家智库报告 2016（1）
National Think Tank

法 治 指 数 与 法 治 国 情

基本解决执行难评估报告
——以深圳市中级人民法院为样本

中国社会科学院法学研究所
深圳市律师协会　联合课题组　著

ASSESSMENT REPORT ON THE ACHIEVEMENT OF THE
OBJECTIVE OF BASICALLY OVERCOMING THE DIFFICULTIES
IN THE EXECUTION OF JUDGMENTS: TAKING THE
INTERMEDIATE PEOPLE'S COURT OF SHENZHEN CITY AS
AN EXAMPLE

中国社会科学出版社

图书在版编目（CIP）数据

基本解决执行难评估报告：以深圳市中级人民法院为样本／中国社会科学院法学研究所，深圳市律师协会联合课题组著 . —北京：中国社会科学出版社，2016.1
（国家智库报告）

ISBN 978 - 7 - 5161 - 7333 - 6

Ⅰ.①基…　Ⅱ.①中…　②深…　Ⅲ.①法院—执行（法律）—研究—中国 Ⅳ.①D926.2

中国版本图书馆 CIP 数据核字（2015）第 300775 号

出 版 人	赵剑英
责任编辑	王　茵
特约编辑	马　明
责任校对	郝阳洋
责任印制	李寡寡

出　　　版	中国社会科学出版社
社　　　址	北京鼓楼西大街甲 158 号
邮　　　编	100720
网　　　址	http://www.csspw.cn
发 行 部	010 - 84083685
门 市 部	010 - 84029450
经　　　销	新华书店及其他书店

印刷装订	北京君升印刷有限公司
版　　　次	2016 年 1 月第 1 版
印　　　次	2016 年 1 月第 1 次印刷

开　　　本	787×1092　1/16
印　　　张	11.25
插　　　页	2
字　　　数	95 千字
定　　　价	40.00 元

课题组负责人：

田　禾　中国社会科学院法学研究所研究员、国家法治指数研究中心主任

高　树　深圳市律师协会会长

课题组成员：

吕艳滨　张　斌　冯　江　王小梅　章　成

兰才明　张晓东　栗燕杰　徐　斌　刘雁鹏

王　颖　赵千羚　赵　凡　张　誉　慕寿成

刘　迪　杨　芹　马小芳　曹雅楠　周　震

宁　妍　徐　蕾　刘永利　宋君杰

执　笔　人：

田　禾　中国社会科学院法学研究所研究员

王小梅　中国社会科学院法学研究所副研究员

吕艳滨　中国社会科学院法学研究所研究员

张　斌　深圳市律师协会副会长

在调研过程中得到了上海市律师协会、重庆市律师协会、湖南省律师协会、浙江省律师协会、广州市律师协会、杭州市律师协会，以及深圳市广大律师、律师事务所、第三方评估团成员的大力支持，在此一并致谢。

　　摘要：本报告系中国社会科学院法学研究所与深圳市律师协会共同对《深圳市中级人民法院关于基本解决执行难问题的实施标准》的科学性、可行性以及深圳市中级人民法院的执行工作成效所进行第三方评估的分析报告。评估结果显示，该实施标准严格界定了执行难范畴、建立了执行行业标准、完善了执行管理制度体系、强化了执行审查监督、确立了客观可量化的实体指标，并取得了良好的施行效果，申请人的知情权得到有效保障，强制执行力度大幅提升，终本案件恢复执行程序畅通，执行活动透明规范廉洁，执行效益效果实现双重提升。报告也指出深圳市中级人民法院仍须进一步加强执行惩戒措施和精细化管理，强化被执行人知情权保障以及完善终本结案机制。深圳经验对全国执行工作有一定的借鉴意义，就全国层面而言，要解决执行难，应进一步理顺体制、确立标准、推动立法、加强信息化、完善联动机制、发挥律师作用，以完善司法执行的顶层设计。

　　关键词：基本解决执行难　执行体制改革　执行联动机制

Abstract: This report is a third-party assessment of the scientificity and the feasibility Of the Standard on the Implementation of the Plan for Basically Overcoming the Difficulties in the Enforcement of Judgments, adopted by the intermediate people's court of Shenzhen City, and of the results of the implementation of this standard by the court. The assessment is jointly conducted by the law institute of Chinese Academy of Social Sciences and Shenzhen Lawyers' Association. The assessment shows that the implementation standard is scientific, as it clearly defines the scope of the difficulties in the enforcement of judgments, establishes the professional standard on enforcement, improves the enforcement management system, strengthens the examination of and supervision over enforcement, and provides for objective and quantifiable substantive indices. As such, it has achieved satisfactory results, as evidenced by the effective safeguarding of the applicant's right to know, a significant increase in the efforts on enforcement, a smooth procedure for the resumption of execution of judgment in cases concluded with the termination of the execution procedure, transparent, standardized, clean and honest enforcement activities, and the improvement of both the efficiency and the effect of enforcement, etc. Despite the above achievements, the court still needs to further strengthen the disciplinary measures for and fine management of enforcement, safeguard the right to know of persons subject to enforcement, and improve the mechanism for the conclusion of cases with the termination of the execution procedure. The Shenzhen experience is of certain reference significance to the improvement of enforcement work at the national level. In order to overcome the difficulties in the enforcement of judgments and to perfect the top level design of judicial enforcement mechanism, China needs to further rationalize institutions, establish standards, promote legislation, strengthen informatization, improve linkage mechanisms and give full play to the role of lawyers.

Keywords: The Objective of Basically Overcoming the Difficulties in the Enforcement of Judgments, Reform of the Enforcement System, Enforcement Linkage Mechanisms

目　录

党的十八届三中、四中全会对深化司法体制改革作了全面部署，进一步明确了深化司法体制改革的具体要求。深化司法体制改革的重要目标是要维护司法公正、提升司法公信力。司法是实现公平正义的最后一道防线，而执行则是确保司法裁判得以落实、当事人权益得以保障的最后一道关口，直接关系到社会公平正义的实现，关系到司法审判的权威，是提升司法公信力的关键环节。因此，司法体制改革的一个关键问题是如何有效化解执行难。十八届四中全会专门就"切实解决执行难""依法保障胜诉当事人及时实现权益"提出了具体要求，如进行审判权与执行权相分离体制改革，"制定强制执行法，规范查封、扣押、冻结、处理涉案财物的司法程序"，"加快建立失信被执行人信用监督、威慑和惩戒法律制度"，等等。为此，研究总结司法执行工作的经验做法与成效，分析其存在的问题和面临的困难，为中央进行顶层制度设计提供参考，非常有必要。深圳市中级人民法院（以下简称"深圳中院"）创新实践，在化解执行难方面进行了大量探索，并于2011年提出"基本解决执行难"的目标。为实现该目标，深圳中院进行了多方面的尝试，并以信息化和标准化为抓手，于2014年出台了《深圳市中级人民法院关于基本解决执行难问题的实施标准》（以下简称《实施标准》）。为了考察《实施标准》的科学性、可行性及成效，中国社会科学院法学研究所与深圳市律师协会组成联合课题组，在梳理已有执行改革实践经验的基础上，对深圳中院的执行标准及工作进行了第三方评估，为全国层面解决执行难提供对策和路径参考。

一　评估背景

通俗地讲，执行难是指民商事案件的生效法律文书得不到执行或难以执行。"执行难"是中国司法实践中的顽疾，其不仅直接影响当事人通过司法途径实现其合法权益，还损害公平正义，降低司法公信力，侵蚀法治权威。执行难的成因颇为复杂，跟经济发展水平有关，跟社会交易诚信体系健全程度有关，也跟当事人的法律意识有待提升有关。为破解执行难，各级法院在中央部署下，从体制到机制、从方法到手段等各个方面进行了努力与尝试。

（一）最高法院的部署与举措

1. 启动执行体制改革

权力运行得好坏，很大程度上取决于是否有一套科学合理的体制。执行体制主要包括执行机构的组建与执行人员的组成、执行机构的管理体制、执行机构的上下级关系等。为了探索与执行权运行相适应的执行体制，最高人民法院不断提出构想、方案，并进行试点，逐步积累执行体制改革的经验。

1999 年，中共中央下发《关于转发〈中共最高人民法院党组关于解决人民法院"执行难"问题的报告〉的通知》（以下简称"中共中央 11 号文件"），拉开了执行体制改革的序幕。最高人民法院 1999 年 10 月发布《人民法院五年改革纲要》，提出了改革执行体制的总体构想，即"在全国建立起对执行机构统一领导、监督，配合得力，运转高效的执行工作体制"。2000 年 11 月，最高人民法院在广州召开全国法院执行工作座谈会，部署执行工作四个方面改革，其中一项是执行权运行机制改革。2001 年 4 月，最高人民法院确定浙江省绍兴市中级人民法院和福建省厦门市中级人民法院为全国执行机构和执行工作体制改革试点法院，试点结果是改执行庭模式为执行局模式，在领导体制上强调上下级的领导关系。2009 年 3 月，最高人民法院发布了《人民法院第三个五年改革纲要（2009—2013）》，明确提出建立执行裁决权和执行实施权分权制约的执行体制。2009 年 7 月，最高人民法院制定了《关于进一步加强和规范执行工作的若干意见》，要求科学界定执行审查权和执行实施权，由不同的内设机构或者人员行使。党的十八大之后，最高人民法院制定了《最高人民法院关于切实践行司法为民大力加强公正司法　不断提高司法公信力的若干意见》（法发〔2013〕9 号），提出深化执行制度机制改革，"建立统一管理、统一协调、分权制约的执行模式，完善执行联动机制"。2015 年 2 月，最高人民法院发布《关于全面深化人民法院改革的意见》（即《人民法院第四个五年改革纲要（2014—2018)》），提出"深化执行体制改革"，"推动实行审判权和执行权相分离的体制改革试点"。

2. 推进执行查控信息化

解决执行难的关键是查找被执行人及其财产，这单靠法院是无法完成的，需要由各级党委牵头，协调各部门，建立执行联动机制，依托信息化手段对债务人及其财产进行查控。执行联动机制是人民法院为解决执行难而探索和推动的一项工作机制。具体做法是，人民法院联合公安、税务、工商、海关、金融、出入境管理、房地产管理、工程招投标管理、车辆管理等部门，对拒不履行生效裁判确定的给付财产义务的被执行人，通过严格限制其市场交易行为、行政许可与行业准入审批、社会交往活动等办法，促使其自动履行生效裁判。

2010 年 7 月，中央 19 个单位联合发布《关于建立和完善执行联动机制若干问题的意见》（法发〔2010〕15 号），要求检察机关、公安机关、人民银行等单位积极配合执行工作。2010 年 7 月，最高人民法院和中国人民银行联合发布《关于人民法院查询和人民银行协助查询被执行人人民币银行结算账户、开户银行名称的联合通知》（法发〔2010〕27 号）。2014 年，最高人民法院成立了执行指挥办公室，建成以网络查控为核心，具备远程指挥、信息公开、信用惩戒、监督管理、决策分析等主要功能的覆盖全国法院的执行指挥系统。最高人民法院与 20 家全国性银行建立"总对总"网络查控体系（即最高人民法院通过中国银行业监督管理委员会金融专网通道与各银行业金融机构总行网络对接），各级人民法院可以通过该系统对被执行人在全国 20 家银行 3000 多个网点的财产进行查询与控制，实现了执行查控方式的变革。2015 年，随着人民法院信息化建设步入 3.0 时代，法院执行工作的信息化将进一步得到强化。

3. 推动执行信息公开

司法公开对于满足公众的知情权，保障当事人合法权益，监督司法权运行，避免暗箱操作，提高司法水平和司法公信力具有重要意义。为了强化对执行工作的监督，最高人民法院出台了一系列文件推动执行公开。2006 年，最高人民法院出台了执行公开专项规定，即《最高人民法院关于人民法院执行公开的若干规定》（法发〔2006〕35 号）。2013 年，最高人民法院出台了《最高人民法院关于推进司法公开三大平台建设的若干意见》（法发〔2013〕13 号），将执行公开作为三大公开平台之一加以推进。2014 年，最高人民法院又出台了《最高人民法院关于人民法院执行流程公开的若干意见》，确立执行流程信息"以公开为原则、不公开为例外"的原则，全面推进阳光执行，实现执行案件办理过程全公开、节点全告知、程序全对接、文书全上网的目标。2015 年，最高人民法院在《人民法院第四个五年纲要（2014—2018）》中提出"完善执行信息公开平台"，包括"整合各类执行信息，推动实现全国法院在同一平台统一公开执行信息，方便当事人在线了解执行工作进展"，"加强失信被执行人名单信息公布力度，充分发挥其信用惩戒作用，促使被执行人自动履行生效法律文书"，"完善被执行人信息公开系统建设，方便公众了解执行工作，主动接受社会监督"。

4. 健全信用惩戒机制

信用惩戒机制是监管主体通过共享的失信企业或个人信息，对不良主体予以处罚、限制或禁止的制度。建立信用惩戒机制是构建诚信社会的必然要求，也是破解执行难的有效途径之一。党的十八届三中全会《中共中央关于全面深化改革若干重大问题的决定》明确提出，推进部门信息共享、建立健全社会征信体系，褒扬诚信，惩戒失信。

2013年，最高人民法院发布《关于公布失信被执行人名单信息的若干规定》，通过门户网站公布失信被执行人名单，并与工商银行、农业银行、中国银行、建设银行、交通银行、民生银行、中信银行、光大银行、华夏银行、广发银行等商业银行以及中国人民银行征信中心，签订信用惩戒协议。2013年5月，国家发展和改革委员会、中国人民银行、中央机构编制委员会办公室联合印发《关于在行政管理事项中使用信用记录和信用报告的若干意见》，要求各部门加强协同配合，建立健全全社会守信激励和失信惩戒联动机制。2014年1月，中央文明办、最高人民法院、公安部、国务院国资委、国家工商总局、中国银监会、中国民用航空局、中国铁路总公司八部门会签了《"构建诚信、惩戒失信"合作备忘录》，并首次就限制失信被执行人高消费行为和采取其他信用惩戒措施召开了"构建诚信惩戒失信"发布会。根据《人民法院工作年度报告（2014）》发布的统计数据，最高人民法院网站公布失信被执行人 89.4 万例，其中自然人 77.6 万名，法人及其他组织 11.8 万个；与有关部门联合对失信被执行人开展信用惩戒，共限制失信被执行人乘坐列车软卧 5.6 万人次，限制乘坐飞机 105.5 万人次，限制办理贷款和信用卡 10 万人次，有效地震慑了失信被执行人。为强化对被执行人进行信用惩戒，2015 年 7 月，最高人民法院修改 2010 年《关于限制被执行人高消费的若干规定》，发布了《最高人民法院关于限制被执行人高消费及有关消费的若干规定》，进一步明确并扩大了限制高消费的范围。

5. 强化执行威慑措施

执行威慑机制是指通过对被执行人涉案信息的共享，国家有关职能部门和社会公众共同对被执行人进行惩罚和制约，以促进被执行人自觉履行义务、全社会遵法守信的一种社会运行机制的形成。2009 年 3 月，最高人民法院在《人民法院第三个五年改革纲要（2009—2013）》

中提出，制裁规避执行的行为，建立健全执行威慑机制，依法明确有关部门和单位协助执行的法律义务，完善惩戒妨碍人民法院执行公务、拒不执行人民法院做出的生效裁判等违法犯罪行为的制度。

2010 年 7 月，最高人民法院《关于建立和完善执行联动机制若干问题的意见》（法发〔2010〕15 号）加大了执行惩戒措施的实施力度，要求"检察机关应当对拒不执行法院判决、裁定以及其他妨害执行构成犯罪的人员，及时依法从严进行追诉"（第 5 条）；"公安机关应当依法严厉打击拒不执行法院判决、裁定和其他妨害执行的违法犯罪行为"，"协助人民法院查询被执行人户籍信息、下落，在履行职责过程中发现人民法院需要拘留、拘传的被执行人的，及时向人民法院通报情况"，"协助限制被执行人出境"（第 6 条）。2011 年，最高人民法院又发布了《关于依法制裁规避执行行为的若干意见》（法〔2011〕195 号），提出"强化财产报告和财产调查，多渠道查明被执行人财产"，具体包括"落实财产报告制度"，"强化申请执行人提供财产线索的责任"，"加强人民法院依职权调查财产的力度"，"适当运用审计方法调查被执行人财产"，"建立财产举报机制"等；

提出要"加强与公安、检察机关的沟通协调","充分运用民事和刑事制裁手段，依法加强对规避执行行为的刑事处罚力度"。为落实十八大精神，最高人民法院于2013年制定了《最高人民法院关于切实践行司法为民 大力加强公正司法 不断提高司法公信力的若干意见》（法发〔2013〕9号），提出"强化落实被执行人财产申报制度，用足用好强制执行措施，有效运用各种手段制裁抗拒执行或规避执行的行为"。2015年《人民法院第四个五年纲要（2014—2018）》提出要"建立失信被执行人信用监督、威慑和惩戒法律制度"，"加大司法拍卖方式改革力度，重点推行网络司法拍卖模式"。

（二）广东高院的探索与努力

1. 深入推行审执分离

执行权运行机制改革于2000年试点启动之后，各地法院逐步改变了执行庭设置模式，普遍建立了执行局，涉及执行的事项均由执行法官负责，实现审判事项与执行事项在法院内部的初步分离。然而，执行程序仍然会涉及对实体权利的审查事项，如对债权人申请追加、变更被执行人的事项的审查，如果均由执行法官负责，鉴于其既是执行官又是裁判官，难以实现真正意义上的审执分离。

2009 年 3 月，广东省高级人民法院（以下简称"广东高院"）在调研论证的基础上，制定并下发了《关于办理当事人申请不予执行仲裁裁决案件的若干规定（试行）》和《关于办理执行程序中追加、变更被执行人案件的暂行规定》两个规范性文件，正式推行将执行程序中的实体裁决权交由审判部门行使的改革。通过执行实体审查模式改革，执行程序中涉及实体权利的审查事项统一交由审判部门负责，执行部门只能执行审判部门的裁决结果，实现进一步的"审执分离"。

2. 首创执行指挥中心

广东的执行信息化建设起步较早，广东高院在全国率先建成以省法院执行指挥中心为核心、三级法院联网同步实施的执行指挥与查控体系。广东高院充分发挥执行联动机制作用，积极参与社会诚信体系建设。2008 年，广东高院与省委办公厅、省政府办公厅联合转发省委、政法委等部门《关于联合建立执行联动机制的意见》，与检察院、公安机关、发展改革部门、国有资产监管部门、国土资源部门、建设管理部门、工商行政管理部门、地方税务局、人民银行、银行监督管理部门十个部门和单位共同加强执行联动，明确执行联动的适用范围，完善社会协助执行体系，建成全国第一家执行指挥中心，切实提高执行工作效率。

3. 尝试推进主动执行机制

执行难的原因很多，法院在一定程度上的消极被动甚至不作为是原因之一。为了有效推进执行工作，适应最高人民法院提出的能动司法的要求，广东高院尝试由"被动执行"改为"主动执行"，并于 2008 年年底启动主动执行制度改革，并确立了一系列试点法院。2009年，广东高院在全面总结试点经验的基础上下发了《关于在全省各级法院全面实行主动执行制度的通知》和《关于在全省法院实行主动执行制度的若干规定（试行）》，在全省正式推行主动执行制度。广东高院推行的主动执行制度是指法院对已经发生法律效力且超过履行期限的相关判决、裁定和调解书，不需经当事人申请，由人民法院直接移送立案执行的制度。主动执行是通过主动征询、主动立案、主动推进三个环节，保障债权人债权的实现。执行程序启动后，法院将主动对被执行人采取相应执行措施，快速调查、控制、处分被执行人的财产，目前广东已经建立较为完善的快速主动执行机制。

（三）深圳中院分权集约改革

深圳作为中国对外开放的桥头堡和对内改革的排头兵、试验田，不仅经济建设发展迅速，在法治建设、公正司法方面先行先试，同样取得丰硕成果。深圳法院早期围绕执行工作的探索包括：改革执行权运行机制，全面落实执行与立案分离、执行人员与评估拍卖事务分离、执行机构与执行款项分离等制度；改变执行组织形式，将过去的执行员"个人执行制"改为"合议庭执行制"；创新执行方式，率先推出财产申报、新闻曝光、悬赏举报、限制债务人高消费等强制措施；推动建立协助执行联动制度，将房地产权登记中心的查封、解封办文窗口引入法院，与在深圳的内资银行签订《统一办理司法协助公约》，建立起统一查询、统一冻结、统一扣划机制等；强化执行威慑机制，装备执行防暴车、执行指挥车、执行运兵车和相关通信、取证、防爆设备；建立高效的应急反应机制，资源装备共享，人力物力协调联动；将执行信息录入征信系统；改善执行环境，在电视和公交上发布执行公益广告，在报纸登载执行故事进行法律宣传；完善执行立法，推动深圳出台全国第一部执行工作地方性法规《关于加强人民法院民事执行工作若干问题的决定》，对《中华人民共和国民事诉讼法》执行程序的修订完善起到了重要的探索和借鉴作用；推行执行公开，建设执行案件管理系统，实行执行公开听证制度等。上述改革措施起到一定程度的缓解效果，但是执行体制机制并未彻底理顺，基本解决执行难的目标尚未实现。

自 2011 年起，深圳的执行工作主要围绕执行分权—集约改革展开，对执行权力进行科学化配置，并依靠网络技术和大数据，提升执行力度和执行效率。执行权重塑包括两个方面，一是分权，二是集约。所谓"分权"，就是将执行权分为实施裁决权、实施事务权和审查监督权，分别由执行局的裁决处、实施处和监督处行使，实现权力配置科学化。所谓"集约"，是指在执行分权的基础上，将不具有决定权的各类执行事务剥离出来集中交由执行实施处的查控组、集约行动组和综合信息组等各个专业工作组，由其通过鹰网查控系统和极光集约系统办理，依托信息化提高执行效率。

1. 执行分权

法院强制执行权的性质比较特殊，兼具司法权和行政权的特点，既有对执行依据和执行异议的判断与裁判，本身又主要是通过强制手段对法律文书的执行。传统的执行模式未对执行权进行细分，主要有一人包案和分段执行两种模式，各有利弊。一人包案模式是指执行法官负责每一个案件的财产查找、控制、处分、异议审查、裁定决定、信访维稳、结案归档全部流程，其优势在于责任明确、效率高，但弊端是权力过于集中，缺乏监督制约；分段执行模式是指执行案件的财产查控、处分等环节分别由不同部门、不同法官负责办理，其优势是各个环节执行的专业性强，但弊端是需要各部门无缝对接和密切配合，如果执行案件在各个环节之间流转不畅会导致整体的效率低下。

2010 年，深圳中院在最高人民法院《关于执行权合理配置和科学运行的若干意见》将执行权分为执行实施权和执行审查权的基础上，对执行实施权予以细分，将该权力再分为由法官行使的实施裁决权和由辅助人员行使的实施事务权，并制定《关于加强和规范执行工作的实施意见》，建立分权—集约模式的执行权运行机制。2011 年年初，深圳中院在执行局内部进行机构改革，构建执行权分权运行机制，设立执行裁决处、执行实施处和执行监督处（见图1），分别行使上述实施裁决权、实施事务权和审查监督权。为了明确各内设机构相关工作规程及人员分工，确保机构职能调整后执行机制运行有法可依、有章可循，深圳中院执行局于2011年5月制定了《分权集约执行规程》，2013年11月进行了修订。

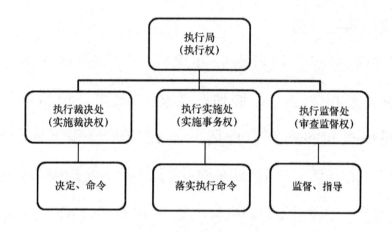

图1 深圳中院执行局组织框架

（1）实施裁决权

实施裁决权是执行法官的决定权，主要是指查控措施（查封、扣押、冻结、扣划等）、处分措施（组织评估、拍卖被执行财产，决定、制作分配方案）、处罚措施（罚款、拘留等）、执行结案（中止、暂缓、终本）等重大执行事项的权力。实施裁决权是执行权的核心权能，直接决定执行案件办理程序的启动、推进和终结，直接决定执行案件当事人的实体权益，直接决定对被执行人和义务协助人的人身和财产的司法处罚。实施裁决权主要体现在执行法官制发查封、扣押、冻结及划拨执行裁定书和拍卖裁定书、搬迁公告、拘留决定书、财产分配表、结案裁定书等方面。

（2）实施事务权

实施事务权是执行事务办理权，主要是指落实执行法官的决定和命令，开展执行事务性工作，包括执行案件的现场查封、扣押、拘留、搜查及诉前和诉讼保全、组织重大执行活动、调配本地执行力量、处理突发事件、协调维稳工作及协助其他地区法院执行等工作。实施事务权是对执行法官已经做出决定的事项的贯彻落实，是执行事务性工作的具体经办。

（3）审查监督权

审查监督权是监督实施裁决权和实施事务权的权力，主要包括执行异议审查权、申诉信访审查、督促权、恢复执行、结案审查权等。执行监督处的主要职能包括：对执行行为异议、复议、案外人异议、变更申请执行主体、执行申诉和信访等案件进行审查；恢复执行审查；

沟通协调重大执行案件、向上级法院请示、督促下级法院执行、对下级法院执行进行指导；组织调研、制定规范性指导意见。在运行流程上，以执行裁决机构的法官为中心，执行裁决机构的法官发出任务指令后，由执行实施机构的工作人员具体办理；当事人或利害关系人对执行行为提出异议时，移交执行监督机构进行审查。

2. 执行集约

执行事务性工作本身具有可分类、可集约的属性。执行集约就是通过信息化手段和科学化的流程管理，按照执行事务的类别和流程集中办理执行事务，解决因执行分权可能引起的效率降低问题。执行分权解决的是权力配置和有效运行的问题，执行集约是通过资源优化整合解决执行效率问题。

深圳中院在执行分权基础上，将不具有决定权属性的各类执行事务剥离出来，按照事务类别和外出地点，交由执行实施处的查控组、集约行动组等各个专业工作组集约办理。执行事务集约化是通过鹰眼查控系统和极光集约系统两大工作平台完成的。查控组配置了13人，专门负责鹰眼查控网的运行，将执行裁决处决定提起的"五查"（查询被执行人存款、房产、车辆、股权和股票）作信息化处理；集约行动组配置了 12 人，通过极光集约系统将两级法院的拘留、清场、送达等任务进行分类、统筹集约处理。

（1）鹰眼查控系统

鹰眼查控网是深圳法院首创的通过网络与联动协助单位联通互动，对被执行人及其财产进行查询和控制的信息化工作平台，其主要功能是查询和控制被执行人的存款、房产、车辆、股权和股票。鹰眼查控网的运行模式为：全市各个法院执行法官将查控请求统一上传至鹰眼查控网，鹰眼查控网以"点对点"的模式将请求内容发送至协助单位，协助单位办理完相关事项后将结果反馈。

鹰眼查控系统具有以下优势：第一，节约人力。过去深圳市两级法院由 54 人完成的查控工作，现在仅需 5 人即可完成；第二，节省设备。深圳两级法院原来用于外出办理查控工作的车辆需要 20 台以上，现在通过网络将查控请求发送至协助单位即可；第三，缩短周期。执行案件的查控周期原来需要 15 个工作日，现在 2 天即可；第四，丰富财产查控种类。对被执行人财产的查控种类由原先的 4 项扩展到现在的 28 项；第五，拓展查找范围。通过与广东省法院执行指挥中心的对接，对被执行人财产的查找范围也由原来的深圳市扩展到整个广东省，部分财产如银行账户开户信息、股票基金信息已扩展到全国。

（2）极光集约系统

极光集约系统是深圳法院联通办案法官、各区法院外勤执行员、当事人、代理人的终端平台，是实现司法事务网络化、集约化办理的综合信息流转系统。极光集约系统是深圳法院执行工作改革和发展的产物，是深圳法院事务集约化管理改革的机制创新。极光集约系统作为司法事务集约化办理的新模式，是执行事务集约化管理发展的结果，有助于办案法官、助理和当事人、代理人及时、高效处理各类司法事务。

极光集约系统具有院内集约、跨辖区集约、网络送达三大功能。院内集约是将深圳中院各审判执行业务部门的诉前、诉讼保全、执行外勤任务通过极光集约系统汇总，并按照任务地点指派人员合并执行。截至2014年12月31日，该系统运作已经集约办理深圳中院的诉前、诉讼保全、执行外勤任务共计25129次。跨辖区集约是汇总全市法院的跨辖区（含市外）任务，经过统筹后发送到各辖区法院执行局在辖区内处理。例如，全市各区法院如有需在宝安区执行的任务，各区法院将任务上传至极光集约系统后，系统自动将任务汇总并发送至宝安区法院，由宝安区法院的集约部门派员完成并反馈结果。截至 2014 年 12 月 31 日，极光集约系统已完成深圳跨区送达任务 414 宗，完成深圳市外送达任务 198 宗。网络送达是将适用电子送达的法律文书通过网络发送给诉讼当事人，并自动生成电子送达回证，由执行法官打印入档。2013 年 5 月至 2015 年 11 月，深圳法院通过网络专线方式连接了全市 20 家较大律师事务所、7 家商业银行，电子送达 1131 次。

极光集约系统将制度与科技进行有机结合，对司法事务进行合理分类、筛选、合并，对工作程序进行科学解构、简化、重组，将全市法院所有常规司法事务全部集中到一个集约部门。极光集约系统凭借统一的信息化平台最大限度地发挥人力资源的利用率和能动性，最大限度地节约司法资源，以两级法院执行实施力量垂直管理为效率保障核心，减少管理冗余层次，实现了扩大管理幅度的扁平化管理。极光集约系统通过对深圳市两级法院所有司法事务的集约管理、统一办理，实现了优化资源配置、降低司法成本、提升司法效率的功能。

（四）基本解决执行难目标的提出

从执行难问题的出现到执行难的缓解，再到基本解决执行难，最后到根本解决执行难，这是一个执行难问题从出现到根本解决的完整路径。最高人民法院、广东高院以及深圳中院的执行改革与创新在一定程度上缓解了执行难。立足于前期执行改革实践经验，深圳中院积极进行资源整合、机制创新，于 2011 年提出基本解决执行难的目标。2011 年 5 月，深圳市委在全市执行工作领导小组会议暨执行联动联席会议上提出，深圳要争取基本解决执行难，并将"基本解决执行难"确定为市委政法重点工作。深圳中院党组据此制订了实现该目标的三年规划——2012 年为开局之年，2013 年为奋进之年，2014 年为基本实现年。为科学评价深圳法院执行案件办理水平，准确评估执行难问题解决情况，2014 年，深圳中院在总结近几年的实践经验与做法的基础上发布了《实施标准》，作为基本解决执行难的衡量尺度。深圳中院《实施标准》的提出和实践，是其在解决执行难问题道路上向前迈出的坚实一步。

"基本解决执行难"是指法院通过信息查控系统、协助执行体系和信用惩戒体系，穷尽执行措施，对被执行人及其财产进行查询、控制、处置，使有财产可供处置的执行案件得到全部处置，无财产可供执行或虽有财产但无法处置的执行案件则予以终结本次执行程序的一种状态。"根本解决执行难"是指依托国家层面上包括财产及人员登记管理制度的完善、信用体系的完备、破产制度的健全等，从而使生效法律文书得到切实落实，这一"落实"包括当事人自动履行，有财产案件完全执行完毕和无财产案件则通过破产完全退出市场。之所以要区分"基本解决执行难"和"根本解决执行难"，是因为相当一部分案件无财产可供执行或虽有财产但无法处置，对于这部分案件，在现阶段法律框架下通过法院采取法律措施是无法实现债权的，必须依靠从国家层面上进一步完备信用体系、健全破产制度和完善财产及人员的登记管理制度等，从而形成有财产皆可处置、无财产亦可退出这样完整的法律解决路径。

无论是"基本解决执行难"还是"根本解决执行难"，均是法律意义上解决执行难，与人民群众认为的"凡是没完全实现债权就是执行难"的朴素理解有一定的距离。人民群众理解的解决执行难包括无财产可供执行的"执行不能"案件，而事实上，无论法院执行能力再强、社会联动机制和征信体系再完备、破产制度再完善，都无法实现"执行不能"案件的债权。要让人民群众理解和接受"执行不能"不属于法院所要解决的执行难范畴，需要提升公众对交易风险的自我控制和防范能力，也需要加强法治理念的宣传和引导，这将是一个漫长的过程，需要社会各界的多方、长期努力。

二　评估主体、对象与方法

（一）评估主体

《中共中央关于全面深化改革若干重大问题的决定》提出要"建立科学的法治建设指标体系和考核标准"。为了确保评估结果的客观公正和评估本身的公信力，中国社会科学院法学研究所和深圳市律师协会组成联合课题组，对深圳中院的《实施标准》的科学性和可行性以及深圳中院是否实现了基本解决执行难目标进行评估。此外，2015 年 5 月，深圳市律师协会牵头组织成立第三方评估团，广泛邀请社会各界人士参与，第三方评估团成员有 40 人，由国家机关工作人员、专家学者、媒体人士、企业法务、律师界代表及港澳人士等组成，具有广泛代表性。

学术团体和律师协会对法院执行工作难进行第三方评估，是积极贯彻落实党中央、国务院关于深化司法体制改革以及"让社会力量对政府工作进行评估、监督"等精神的重大创新举措，有利于改变法院工作及评价"自弹自唱""闭门造车"的工作模式，在全国开创了对执行难工作第三方评估的先河。中国社会科学院法学研究所和深圳市律师协会共同推进实施的深圳中院执行工作评估，由法学学者、律师对司法实务部门的具体工作进行量化评估，是法律职业共同体推动法治实践的一次重要尝试。

（二）评估对象

深圳中院 2014 年出台的《实施标准》的科学性和可行性是评估的主要对象。《实施标准》是深圳中院对近年来执行工作的总结和提炼，包括《深圳市中级人民法院关于基本解决执行难目标的程序规范》和《深圳市中级人民法院关于基本解决执行难目标的实体指标》两部分。深圳中院将执行程序分为执行准备、财产及人员查控、财产处分、执行监督、结案、执行案件退出机制六部分，每个部分都有着相应的规范。执行准备的主要流程包括将被执行人的信息录入信用征信系统、送达执行法律文书、询问被执行人等。财产及人员查控的主要流程包括通过深圳法院"鹰眼查控网"对被执行人名下财产进行"五查"，采取控制性措施，送达查封、扣押、冻结法律文书。财产处分的主要流程包括调查被执行财产现状、对被执行财产采取控制性措施、对被执行财产委托评估、处分财产首选拍卖方式。执行监督的主要流程包括对执行异议、案外人异议的处理，重大敏感案件的执行听证。结案的主要流程为执行款划付、结案文书的制作、终结本次执行程序案件查证结果通知书的制发。执行退出机制的流程分为两种：被执行人为企业法人的，引导申请执行人或者其他债权人提出破产清算申请，或者依职权移送破产；被执行人为自然人的，限制其基本生活之外的高消费。

在《实施标准》中，深圳中院设置了三类指标，即公正指标、效率指标和效果指标。公正指标包括执行公开率、执行行为撤改率、国家赔偿率；效率指标包括法定（正常）审限内结案率、平均执行周期、执行措施采取率；效果指标包括执行完毕率、部分执行率、信访投诉率。课题组对此类指标的实施情况也进行观察、分析。

此外，深圳中院以及基层法院依据标准化解决执行难的状况也是课题组评价的重要内容。

（三）评估方法

课题组采取了文献分析、问卷调查、案卷评查以及访谈、座谈等多种研究方法。

1. 文献分析

课题组在对全国法院执行工作规定、文献等进行全面系统梳理的基础上，重点收集了深圳中院乃至广东高院2011—2015年有关执行工作的制度文件、工作总结和统计数据，对这些文献进行梳理、比较、分析和挖掘。深圳中院出台的文件涉及执行主体变更、财产处分、执行联动、终本执行程序、文书处理等执行活动的各个环节，以及指引执行法官的行为规范。工作总结包括执行工作阶段性、年度性小结以及执行体制、机制改革和执行工作创新方面的总结性材料。司法统计数据主要来源于广东省法院的综合业务系统。

2. 问卷调查

课题组以深圳律师、其他地区律师和深圳法官为对象设计了三套调查问卷。与一般的满意度调查不同，课题组所设计的三套问卷强调问题的客观性，目的在于了解律师和法官对法院执行工作的看法以及在办案过程中实际发生的情况。问卷辅助以开放性题目，收集调查对象对完善执行制度的意见、建议。

法官问卷共计发放了317份，回收317份。调查对象包括深圳中院及各基层法院的法官，除了 6 份问卷未回答所属法院之外，深圳中院的法官有 190 名，基层法院的法官有 121 名。被调查的法官具有本科以上学历的，有 290 人，超过 90%。在已回收的 317 份问卷中，回答办理过执行案件的有 187 人，占 59%。

律师问卷分为深圳律师和其他地区律师两套，深圳律师的调查问卷由深圳市律师协会负责发放，其他地区律师的调查问卷由深圳市律师协会委托其他地区的律师协会及律师事务所发放。深圳律师问卷发放了 1500 份，回收有效问卷 1465 份，其他地区律师问卷发放了 2100 份，回收有效问卷 1933 份。回收的有效调查问卷中，调查对象具有本科以上学历的占大多数，其中，深圳律师有 1295 人，占 88%；其他地区律师有 1673 人，占 87%。1933 份有效的其他地区律师的调查问卷显示，除了 11 人未填写主要执业地点之外，所调查的其他地区律师的主要执业地点遍布上海、山东、山西、广东（不含深圳）、天津、云南、内蒙古、北京、宁夏、辽宁、吉林、江苏、河北、河南、重庆、浙江、海南、湖北、湖南、新疆、福建，其中以湖南、重庆、广东、浙江四地的律师占多数，分别为 341 人、311 人、292 人、234 人，占 17.7%、16.2%、15.2%、12.2%（见图 2）。数据统计显示，1465 份深圳律师问卷中，有 128 份问卷的调查对象未代理过执行案件（占 8.7%），有 1337 份问卷的调查对象代理过执行案件（占 91.3%）；1933 份其他地区律师问卷中，有 219 份问卷的调查对象未代理过执行案件（占 11.3%），有 1714 份问卷的调查对象代理过执行案件（占 88.7%）。

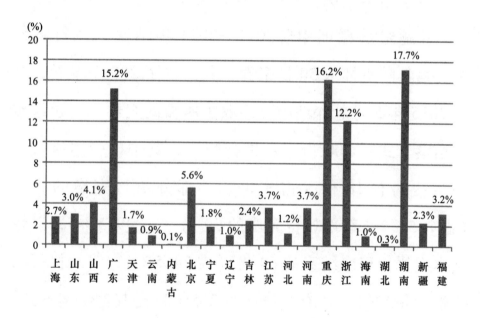

图2 其他地区律师的主要执业地点分布

3. 案卷评查

课题组对深圳中院的执行案卷进行评查，评估深圳中院在执行信息的归档、当事人权利义务保护、执行行为规范度等方面的情况。为此，课题组在深入研究司法执行相关制度的基础上，设计了一套案卷评查指标体系作为案件评查的依据。该体系通过多种方式听取了法学专家、实务工作者的意见，进行了修订完善。该指标内容涵盖案卷的结案方式、执行费的收取、"五查"情况、当事人权利义务告知和重大事项告知、执行款项发放，以及以终结本次执行程序结案的理由、程序等方面。

课题组从深圳中院2011—2014年结案的执行案件中，每年随机抽取50份案卷，共选取了200个案卷，并于2015年5月赴深圳中院调取了所需的案卷。课题组按照结案方式对200份案卷进行归类，其中以驳回执行申请结案的有18份（占9.0%）、部分执行完毕的5份（占2.5%）、全部执行完毕的99份（占49.5%）、以终结本次执行程序结案的69份（占34.5%）、终结执行的4份（占2%），还有5份（占2.5%）是其他结案方式。课题组根据预先设定的案卷抽查指标体系，对所抽取的案卷的执行费收取的规范性、采取"五查"措施的情况、当事人知情权的保障情况、执行款项的收取与发还情况、终本结案程序等进行了评查。

4. 访谈

为进一步了解执行工作亲历者对执行工作的态度和看法，课题组对相关企业和执行法官进行了访谈。2015年1月28日，课题组与平安银行总行特殊资产管理中心、招商银行总行资产保全部的负责人进行座谈，了解执行相关人对深圳中院执行工作的认识和感受。之所以选取银行企业作为调查对象，是因为这些企业曾经以申请执行人、执行协助单位等身份参与过执行，对深圳法院的执行工作非常了解，也有着参与其他地区执行工作的经历，对不同地方的执行工作有比较。2015年4月，课题组走访深圳中院执行局，听取一线执行人员关于执行案件办理的体会和建议。

三　《实施标准》的外部优势

深圳中院《实施标准》的出台是基于深圳中院所拥有的政治、法律、环境等方面的优势，最大限度利用改革红利的结果。首先，深圳中院执行工作得到党委和政府的大力支持。司法执行工作是一项系统的社会工程，不仅需要充分挖掘法院的执行能力，还需要各方面的理解、支持和配合，深圳市委和政府积极支持司法执行工作，为执行工作的顺利推进扫清了障碍。其次，深圳的地方性立法和特区立法地位为深圳中院执行改革创新实践提供了法治保障。任何一项改革都需要在法律轨道上推进，其改革成果也需要立法予以固定。最后，深圳《实施标准》是在深圳建设一流法治城市的背景下推出的，基本解决执行难是建设一流法治城市的必然要求。

（一）政治保障：党委政府鼎力支持

深圳中院之所以有勇气提出于十二五期间"基本解决执行难"目标，除了基于前期执行工作积累的丰富经验和奠定的坚实基础，与党委政府的鼎力支持是分不开的。

深圳市党委、政法委积极协调深圳法院执行工作。2010 年，深圳市执行工作领导小组正式宣布成立，由市委副书记、政法委书记担任组长，党委领导的执行组织机构进一步建立健全。深圳市执行工作领导小组每年召开执行联动联席会议，有针对性地解决执行联动工作中存在的问题。比如深圳市委政法委转发深圳中院《关于加强和规范执行工作的实施意见》，并出台了《关于完善法院执行工作纳入社会治安综合治理目标责任考核方案的意见》，将"支持、配合、协助人民法院执行"作为对执行工作领导小组成员单位、执行联动单位、协助执行部门进行综治考核的项目，对不按时反馈鹰眼查控网查控信息的联动协助单位，将以执行工作领导小组的名义通报。

深圳市政府及相关部门不断加大对深圳法院执行工作的支持力度。2007 年 8 月，深圳市政府常务会议正式决定将执行案件特困群体救助准备金政府承担部分纳入深圳中院年度预算。深圳法院建立司法救助制度，为刑事附带民事案件受害人或其家属提供一定金额的司法救助。深圳法院的执行工作得到深圳市编制机关的支持，

2011 年 6 月，深圳市编办批复同意设立"深圳市中级人民法院执行指挥中心"，将深圳法院执行干警在全市法官员额中的比例提升至 16%，极大地促进了深圳法院的执行工作。

（二）法律护航：地方立法勇于创新

深圳善用地方立法权和特区立法权，为执行工作提供法律支持。2007 年 3 月，深圳市人民代表大会常务委员会在总结和吸纳深圳法院执行工作经验的基础上，颁布实施《深圳市人民代表大会常务委员会关于加强人民法院民事执行工作若干问题的决定》，以地方立法的形式将深圳中院在执行威慑、执行联动、执行监督、执行公开、执行保障、执行宣传等方面的做法固定下来，并赋予法院诸多新的执行手段和权能，提出了实现"执行工作有较大突破、执行难状况有较大缓解"的明确要求。该决定的出台实施，为深圳法院执行工作提供了强有力的法律武器，深圳中院关于执行工作的一系列探索与尝试都是在此法律框架下展开的。该地方性法规还受到国家立法机关的关注，《民事诉讼法》的修订吸纳了其中诸多条款。

深圳的地方立法权将执行工作的一些重要做法固定下来，可以保障工作的制度化和连续性。例如，一般情况下，相关协助单位的协助义务主要记载于会议纪要中，为了保障协助义务的刚性，深圳以地方立法的形式要求各个单位出台相关的落实措施，报人大常委会备案。另外，深圳作为经济特区有权在"遵循宪法的规定以及法律和行政法规的基本原则"的前提下对现有的法律制度进行创新。深圳中院在执行工作中的先进做法和经验，如执行退出的工作思路和方法，在经过一段时间的实践检验后，将来可以通过特区立法的形式固定下来，创建执行退出的法律制度，为全国解决执行难总结经验。随着执行案件办理的规范化、执行事务集约化的提高，《实施标准》的相关规定会做相应的修改和完善，最终可通过地方性立法进行制度化和推广。

（三）环境优化：争创一流法治城市

经过多年的发展积累，深圳深刻地认识到，市场经济就是信用经济和法治经济，良好的法治环境对于经济腾飞、社会发展至关重要，因而建设法治城市是深圳发展的重要目标。2013 年 11 月 28 日，深圳市委常委会审议通过了《深圳市加快建设一流法治城市工作实施方案》，并在 12 月 3 日召开的全市加快建设一流法治城市工作会议上明确提出把建设一流法治作为全面深化改革的"突破口"。深圳市委提出要营造法治化国际化营商环境，让一流的法治成为深圳新时期显著的城市特质，成为深圳最具竞争力的创新创业环境，以及深圳建设现代化、国际化先进城市的坚强保障。

法治城市建设包括诸多方面，司法公正是最基本的元素和要求。司法公正不仅体现在审判环节的公平正义，还体现在公正的裁判能够得到有效执行。审判是通过"判断"形成市场秩序，执行则是通过"行动"形成市场秩序，唯有公正的判决得到有效执行才能营造诚实信用的社会氛围。司法保障水平是衡量一个地方投资环境的重要标尺，生效裁判得不到执行，商品交易安全难以实现，经营交易成本上升，将会严重破坏社会主义市场经济秩序，阻碍经济社会持续健康发展。解决执行难是体现司法公正，提升司法权威，在全社会树立诚实信用、规则意识和对法律的信仰，构建法治城市的关键环节和必然要求。深圳市委正是因为认识到执行工作的重要性，才将切实维护司法权威、提高生效案件执行率作为深圳社会建设的重要内容。2011 年 1 月 1 日，深圳市委出台了《关于加强社会建设的决定》，深圳市委还制定了《深圳市社会建设考核指标体系》作为配套性文件，其中，"生效案件执行率"是针对法院的一项重要考核指标。

四　《实施标准》的科学性

如前所述，执行难有法律意义上的执行难和社会意义上的执行难之分，深圳中院的《实施标准》对社会上普遍认为的执行难案件进行了标准化区分。对于有财产可供执行的案件，《实施标准》为法院的执行工作确立了行业标准，强化法院的执行力度；对于无财产可供执行的案件，《实施标准》规定了执行案件的退出机制。为了提升执行工作的规范性，深圳中院针对执行工作的各个阶段出台完备的制度文件，实现对执行工作的全覆盖和精细化管理。执行工作离不开监督，深圳中院将执行监督工作统一交给执行局的监督处，依托执行审查专管化强化执行监督力度，凸显执行监督的专业性。对于是否实现基本解决执行难目标，《实施标准》不仅从程序规范的角度确立了评判标准，还将执行公开率、执行行为撤改率、国家赔偿率、法定（正常）审限内结案率、平均执行周期、执行措施采取率、执行完毕率、部分执行率、信访投诉率等客观数据确立为实体性指标，用于评判执行工作是否公正及其效率和效果。

（一）科学界定执行难之范畴

执行难是指已经发生法律效力的法律文书，由于各类障碍因素的存在，无法实现或难以实现的现象。执行难的原因很多，有主观原因也有客观原因。前者是指被执行人有履行能力但主观上不愿意履行义务而逃避执行或拒不执行；后者是指客观上被执行人没有财产也没有履行能力，或虽有财产但无法处置，导致生效的法律文书不能落实的情况。前者才是法院所要解决的执行难问题。

被执行人没有财产、也无履行能力的情况较为容易理解。被执行人虽有财产但无法处置的情况则比较复杂，一般存在以下几种情况：（1）被执行财产未经登记，不具有市场流通价值。如小产权房、军产房等，因这类资产没有取得正式的房屋产权证明，不能自由上市交易，法院处置困难；（2）有些财产虽然取得房屋产权证明，但由于行政机关登记的文件中没有房屋的"四至"（房屋坐落处东南西北四个方向具体位置），无法确定房屋产权证明与实物的一一对应关系，从而无法就涉案房产进行评估，导致该案无法执行；（3）被执行财产有在先查封，财产被在先查封的案件处置后无剩余价值的。如李某与丁某民间借贷纠纷一案，罗湖法院在强制执行过程中，发现丁某名下的房产已经有四家法院的在先查封记录，罗湖法院的查封为第四位轮候查封，后因无法就轮候查封的财产进行处置，该案终结本次执行程序；（4）被执行人具有双重或多重身份，其财产无法处置，如被执行人陈某既有大陆身份证，也有香港身份证，经深圳中院调查，陈某的大陆身份证名下没有任何财产，但有多达上千万的欠款，并被多个法院列为被执行人，而香港身份证的名下则有多套房产，银行信用良好。由于陈某的大陆身份证和香港身份证的名字、身份证号截然不同，法院无法处置其香港身份名下的资产；（5）在执行过程中，有的被执行人持有公司股权，但该公司已停业，其股权无法进行评估处置；（6）在部分执行案件中，虽然法院查封了被执行人名下车辆，但由于法院的查封是在车辆管理部门进行档案查封登记，并交由交警实施路面查控，在公安机关实际查控到车辆前无法就该车辆进行处分；（7）由于历史、政策等原因一些财产无法处置。如一些被执行人为国有企业，被执行人名下有多套自建住宅，但这些房产大部分已分配给职工购买和居住，只是由于历史、政策的原因未能办理房产过户登记手续，这类财产就无法处置；（8）一些财产基于社会伦理、道德考量的原因无法处置。例如，深圳中院曾强制执行一宗银行抵押借款案件，经法院查证，被执行人赵某名下财产仅有这套抵押房产，虽然依据法律规定，被执行人名下设定抵押的房产并不必然影响法院依法处置财产，但被执行人赵某以 69 岁高龄且身体不好为由多次在申请执行人某银行的办公地点闹访，声称："如果拍卖我的房子我就死在银行"，申请执行人某银行被迫无奈向法院提交申请书，请求终结本次执行程序，暂不处分房产。

生效裁判文书确定的债权不能落实，除了上述被执行人无财产、无履行能力或虽有财产但无法处置的情形等客观原因之外，还包含一些当事人在市场交易对象的选择、交易活动的进行和交易风险的预测等方面缺乏充分的注意，使得债权无法实现的情况，其实质是客观上的"执行不能"，这与法律意义上的"执行难"概念存在一定的差距。以深圳中院为例，在 2011—2014 年新收民商事执行案件中，无财产可供执行的占 42%。这些执行不能案件就属于当事人必须面对的交易风险。

为了科学界定执行难，深圳中院的《实施标准》引入"执行不能"的概念，将之与被执行人隐匿、转移财产等造成的"执行难"进行区分，并首次建立了执行不能案件退出机制。根据《实施标准》第 38 条，执行不能案件是指经"五查"（存款、不动产、车辆、证券和股权）未发现被执行人有可供执行的财产，或者查控财产被依法处置后无其他可供执行财产的案件。将执行不能案件从执行难中剥离出来，不仅可以缓解人民法院所面临的舆论压力，更重要的是有助于司法机关排除各种干扰和阻力，集中精力解决那些依法应当执行、被执行人有偿付能力而因为种种原因没有执行的案件。对当事人有能力履行法院判决而拖延或拒绝履行的案件，人民法院通过采取相应的执行措施提升执行的积极性和主动性，使得部分难以执行的案件得到执行。对于执行不能案件，《实施标准》第 39 条规定了退出机制，避免司法资源的浪费。

深圳中院对无财产可供执行案件有严格的界定。案件有无财产可供执行，直接关系到当事人权利能否实现，因此，只有在积极采取法律赋予的各种调查手段，穷尽对被执行人财产状况的相关调查措施之后，才可以将其认定为无财产可供执行的案件，并接受社会监督。《实施标准》第 39 条、第 40 条根据被执行人主体性质（自然人或者企业法人）的不同，规定了不同的执行不能退出路径，并对相应的主体采取限制其高消费等措施。

当然，执行难和执行不能在一定条件下会相互转换，当客观上发生法律文书所确定的权益无法实现时，执行难案件就转化为执行不能案件，应及时启动退出机制，但是，这类案件的退出只是一种法律上的拟制，一旦出现被执行人有财产可供执行的情形，法院应主动或依申请人的申请恢复执行程序。

关于执行难，当事人、公众与司法机关有着不同的视角和认识。法官倾向于对执行难与执行不能加以区分，律师群体则不倾向于区分执行难和执行不能。针对深圳律师和其他地区律师的问卷调查显示，对经过法院向有关职能部门查询后，未发现被执行人可供执行的财产，是否应认定为执行不能而非法律意义上的执行难这一问题，1465 名深圳律师中除了 10 人拒答之外，有 476 人认为这一做法合理，占作答总人数的 32.7%，有 979 人认为这一做法不合理，占 67.3%；1933 名其他地区律师中除了 26 人拒答之外，616 人认为这一做法合理，占 32.3%；1291 人认为这一做法不合理，占 67.7%。上述数据表明，多数律师不认同关于执行不能的观点，律师的观点在一定程度上代表了社会公众的看法。公众有这样的看法也不难理解，毕竟对于申请执行人和公众而言，无论是执行难还是执行不能，都意味着法律文书所确定的权益未得到实现。要让社会公众接受执行难与执行不能的划分是当前普法的重要任务，应加大宣传力度，纾解固化在公众脑中既定的执行难印象，界定法院的相关执行责任。同时，法院要严格无财产可供执行案件的界定标准，并简化恢复执行机制的程序。

（二）尝试构建执行行业标准

2001 年国家标准化管理委员会成立，中国的标准化事业得到快速发展，已经基本形成覆盖第一、第二、第三产业和社会事业各领域的标准体系。2015 年 11 月，最高人民法院沈德咏副院长在全国法院贯彻案号和案件信息标准电视电话会上强调"加快推进人民法院标准化建设"，"将标准化的触角遍及审判工作各个方面、各个环节，才能合理规范法官行使自由裁量权的边界和尺度"。为了明确法院的执行责任，方便社会评判法院的执行质量与效果，深圳中院尝试通过《实施标准》，为执行工作确立一个行业标准。首先，优化执行工作流程。根据《实施标准》，执行工作分为执行准备、财产及人员查控、财产处分、执行监督、结案、执行案件退出机制六项流程。其次，各个流程有相应的规程指引，执行人员必须遵循指引完成规定动作，将自由裁量权压缩到最小。最后，借助信息化实现执行权运行标准化。深圳中院利用信息化手段，通过鹰眼查控网和极光集约系统实现财产查控和文书送达的标准化。另外，深圳中院的《实施标准》保持一定的开放度，可在执行实践中不断完善和提升，标准可复制、可推广。

1. 查控标准化

（1）主动"五查"

所谓"五查"，是指查明被执行人的存款、不动产、车辆、证券和股权投资五项财产状况。查明被执行人可供执行的财产是做好执行工作的基础，也是执行的难点之一。法院掌握被执行人财产状况的途径主要有三种：法院查询、申请人提供财产线索和被执行人主动申报。实践中，申请人获悉被执行人财产的能力有限，被执行人也很少主动真实申报财产，因此，被执行人财产的查明主要依赖于法院。为了能够及时查到财产，深圳中院依托"鹰眼查控网"实施及时、主动查询。执行案件虽然是由当事人申请才启动的，但是一旦启动，法院就将积极主动采取财产查控措施。《实施标准》第 8 条规定，执行案件一经立案，执行法官便立即通过深圳法院"鹰眼查控网"主动查询及控制被执行人名下存款、不动产、车辆、证券和股权投资五项财产状况。

（2）扩大财产查控范围

为了保证执行有力，2011—2014 年，深圳中院执行局通过签署协议或会议纪要的方式，与相关单位建立信息共享机制，这些单位包括深圳市人民检察院、深圳市交通运输委员会港航和货运交通管理局、深圳市交警局、深圳市银行业协会、汇丰银行（中国）有限公司深圳分行、深圳联合产权交易所、深圳市燃气集团股份有限公司、深圳市社会保险基金管理局、深圳市水务（集团）有限公司、腾讯计算机系统有限公司、深圳市住房公积金管理中心、深圳市规划与国土资源委员会、深圳市地税局、深圳市公安局刑事侦查局等。发展至今，深圳中院对财产的查控已经不限于"五查"范围。《实施标准》第 9 条对深圳中院鹰眼查控网的财产查控范围也做了进一步明确，执行法官可以通过深圳法院鹰眼查控网对被执行人的住房公积金、社保登记、托管股权、港航货运信息等财产信息进行查询。实际操作中，执行法官还可以委托被执行人户籍地法院、被执行人服刑场所调查被执行人财产。

（3）财产查控一体化

《实施标准》第 10 条规定了财产查控一体化，即深圳法院在对被执行人的财产进行查询的同时，对被执行人可供执行的财产采取控制性措施。查控一体化意味着一旦查到财产，则同步采取控制措施，不给被执行人转移财产的时间和机会，大大提升了执行的强度和效率。

鹰眼查控网的查控一体化功能突出表现在两个方面。首先，对商业银行存款余额实行查封、冻结、扣押（即"查冻扣"）一体化的机制。目前，鹰眼查控网在 20 家商业银行实现了"查冻扣"的功能。截至 2015 年 11 月 30 日，鹰眼查控网实际冻结银行账户金额 52 亿元，扣划 30 亿元。其次，鹰眼查控网实现车辆的实物查扣与档案查封一体化。2013 年 8 月，深圳中院执行局与深圳市交警局就路面查控车辆事宜达成意向；12 月 27 日，双方签署全国首创的路面车辆查控工作纪要。由此，深圳法院对于被执行人的车辆，不仅可以实行档案查封，还能够进行路面实物的查扣。

（4）强化人员查控

"人难找"是执行难的重要原因，被执行人为逃避履行义务往往"玩失踪"，找不到被执行人就很难查找到财产线索，也无法启动执行威慑机制。随着实名制的推广，公民从事日常生产生活活动都会在相应的政府部门、企业组织留有实名信息，这为法院全力查找被执行人行踪提供了线索。信息技术是深圳法院查找被执行人的重要手段。《实施标准》第13条规定，深圳法院可以根据申请执行人的申请或者依职权通过"鹰眼查控网"请求协助执行人查询被执行人的各种信息，如居住证件信息、常住人口信息、租房信息、边境证件信息、出入境记录、狱政信息、通信记录、酒店住宿信息、乘机记录、法定代表人身份信息等。

2. 财产处分标准化

财产处分包括评估、拍卖和变卖财产、强制搬迁等。《民事诉讼法》和最高人民法院《关于人民法院民事执行中拍卖、变卖财产的规定》《关于人民法院委托评估、拍卖工作的若干规定》（法释〔2011〕21号）对拍卖、变卖财产等事项作了明确规定。为了加强对司法委托中介机构的规范和管理，广东高院出台了《广东省司法委托中介机构诚信管理细则》，规定了投诉处理程序。2009—2011年，深圳中院先后出台了一系列关于财产处置的规范，如《关于机器设备强制执行的工作规程（试行）》（〔2009〕深中法执他字第 10 号）、《深圳市中级人民法院关于民事执行中变卖财产的规定（试行）》（〔2010〕深中法执他字第 2 号）和《关于规范执行评估工作若干问题的指导意见（试行）》（〔2011〕深中法执他字第 5 号）等。

按照《实施标准》和《执行案件办案流程》的规定，申请执行人主张对被执行人财产进行处分的，应当提出申请；法院必须对被执行人财产采取控制性措施后才能进行处分；执行法官应当对拟处分财产的权属状况，占有、使用、抵押、查封等情况进行调查；对被执行人财产进行处分的，法院一般应当委托评估机构对拟处分财产进行评估；法院向申请执行人、被执行人或者其他利害关系人发送评估报告后，申请执行人、被执行人或者其他利害关系人对评估报告有异议的，可以在收到评估报告之日起十日内以书面形式提出异议；对已采取控制性措施的财产进行变价处理时，应当首先采取拍卖的方式，法律、司法解释另有规定的除外。

3. 划付标准化

执行款到账或者其他标的物执行到位后，应当在一个月内将相关款项或者标的物给付申请执行人。为规范执行款的管理，明确职责，依法收支执行款，保障执行款的安全，切实维护当事人的合法权益，2012 年深圳中院根据最高人民法院和广东高院有关执行款管理的规定出台了《执行款管理规程》和《关于划付执行款的流程规定》。执行款划付实行执行专管员制度。执行人员负责发起具体案件的执行款退款、划款申请，依法履行对相关当事人的告知义务，以及将履行告知义务、款项往来等情况录入执行日志，归入案件档案。所有执行款项均应划入以本院名义开立的执行款专户，执行款的划付均应采取转账方式划付至以收款人的名义开设的银行账户中。

执行款原则上仅限于支付给申请执行人。严禁使用、截留、挪用、侵吞和私分执行款，违反者按照最高人民法院《人民法院工作人员处分条例》及其他有关规定追究责任。执行款能够由被执行人直接交付或划付给申请执行人的，由执行人员责成被执行人向申请执行人直接交付或者划付并记录交付情况，由双方当事人签名确认或者根据汇款凭证确认。执行人员不应转交亦不应出具收据。执行款专管员应当自接到财务部门转交的收款收据后七个工作日内办理费用结算，包括依法扣除案件受理费、申请执行费、执行中实际支出费用和其他应支付的费用，并将结算结果告知执行人员。收款收据第二、第四联应及时交执行人员，由执行人员告知付款人领取收款收据。向申请执行人付款应以申请执行人出具的书面申请和收款收据为凭据。申请执行人是法人或其他组织的，应通知其出具合法有效的收款凭证；申请执行人是自然人的，应通知其提交本人有效身份证件的复印件并出具本人亲笔签名或有本人捺印的收款收据；申请执行人是境外企业、自然人的，可通知其直接向法院提供以其名义开设的境外银行账号。确需指定境内企业、律师或居民代收执行款，未能在执行法院直接办理委托手续的，应通知其提交由所在国公证机构公证，并经中国驻该国使领馆认证及转递的特别授权委托书原件；申请执行人是香港企业或居民，可通知其直接向法院提供以其名义开设的香港银行账号。确需指定境内企业、律师或居民代收执行款，未能在执行法院直接办理委托手续的，应通知其提交由司法部指定的香港律师公证，并经中国法律（香港）服务公司加章转递的特别授权委托书原件。开户银行应在支付执行款次日将执行款支付凭证复印件交深圳中院财务部门，财务部门应在收到执行款支付凭证复印件当天交执行款专管员附卷存档。执行费上缴财政后，财务人员应将财政收据交执行款专管员附卷存档。

4. 终本标准化

终结本次执行程序是法院为了结案需要而采取的一种折中措施。2009 年，中央政法委和最高人民法院联合印发了《关于规范集中清理执行积案结案标准的通知》（法发〔2009〕15 号），首次将终结本次执行作为一种结案方式适用（简称终本案件）。终本案件毕竟还未实现或者未完全实现执行目的，因此应慎重适用。

深圳中院对以终结本次执行程序结案有严格的标准。拟终结本次执行程序的，执行法官应严格按照《关于规范以终结本次执行程序方式结案的规定》，对无财产可供执行或有财产但不足以清偿债务的案件，除申请执行人同意延期执行外，均要对被执行人（被执行人为企业法人或其他组织的，对其法定代表人或负责人）实施限制出境、限制乘飞机、限制高消费、限制工商登记事项的变更、纳入失信被执行人名单等强制措施，经执行局监督处法官审查符合终结本次执行程序的条件且同意作终结本次执行程序处理后，方能终结本次执行程序。通过严格终结本次执行程序的条件、标准及审查，可以有效防止执行法官滥用终结本次执行程序，防止案件反复立案反复执行，保护当事人的合法权益，消除当事人的疑虑。

2014 年年底，最高人民法院通过了《关于执行案件立案、结案若干问题的意见》，明确了因暂无可供执行的财产而适用终本程序的要求，包括申请执行人书面同意、人民法院穷尽财产调查措施、经过合议庭合议。该规定在一定程度上吸纳了深圳中院终本结案的做法，但查询财产的范围比深圳中院稍窄，仅规定了"四查"（查询银行存款、房地产登记、股权、车辆）。

（1）"五查"为必经程序

按照《实施标准》的规定，"五查"是终本案件的必经程序。经过"五查"，未发现被执行人有可供执行财产，或者可供执行财产执行完毕后，申请执行人债权无法全部实现的，法院应当向申请执行人发出查证结果通知书。查证结果通知书应当告知申请执行人的信息包括：对被执行人财产进行查证、处置的过程和结果；在指定的期限内提供被执行人可供执行的财产或财产线索；可以申请法院对被执行人或者其主要负责人、直接责任人采取限制出境、限制高消费等措施。送达查证结果通知书后，申请执行人在指定期限内未能提供被执行人可供执行财产或财产线索的，法院可以依法裁定终结本次执行程序。

（2）实施严格限制措施

申请执行人在指定期限内申请对被执行人或者其主要负责人、直接责任人采取限制出境、限制高消费、限制商事登记事项变更等措施的，在采取前述措施后，法院可以依法终结本次执行程序。终结本次执行程序的案件，法院依职权曝光被执行人或者其主要负责人、直接责任人的信息，并采取限制出境、限制高消费等措施。被执行人为法人或者其他组织的终结本次执行程序的执行案件，法院还应当对被执行人的商事登记事项（名称、住所地或者经营场所、类型、负责人、出资总额、营业期限、投资人姓名或者名称及其出资额等）作变更限制。

（3）全面纳入征信系统

《实施标准》规定，被执行人拒不履行生效法律文书确定的义务的，应当依照《最高人民法院关于公布失信被执行人名单信息的若干规定》将其纳入失信被执行人名单，对其进行信用惩戒。深圳中院将所有执行案件被执行人相关信息定期上传至中国人民银行征信系统、深圳市信用网和全国法院执行信息管理系统。深圳中院在

立案后会向被执行人送达执行令，提示被执行人其基本
信息已录入深圳信用网和中国人民银行的征信系统。录
入企业或者个人信用征信系统的被执行人及其法定代表
人或者负责人，在履行义务前，政府及有关部门不得受
理其在经营方面的评优评先申请；不得授予其相关荣誉
称号；不得给予其享受深圳市有关优惠政策，已经享有
的优惠政策，应当予以终止。深圳法院将被执行人的信
息在深圳市公安局、深圳市市场监督管理局、深圳市规
划和国土资源委员会、人民银行深圳中心支行锁定，限
制被执行人在深圳办理出入境手续、经办企业、购买房
产、贷款等，使其不能有市场经营行为，事实上退出市
场主体地位，陷入准破产状态。

（4）酌情予以司法惩戒

《实施标准》规定，被执行人未按要求履行义务或者
申报财产、虚假申报财产、实施妨害执行行为的，法院
可以视情节轻重对被执行人或者其主要负责人、直接责
任人予以罚款、拘留；构成犯罪的，依法追究刑事责任。

（5）发现财产须恢复执行

《实施标准》规定了终本案件的"回路"机制。对
于无财产可供执行案件，予以终结本次执行程序，相当

于按下一个"暂停键"，待查找到被执行人名下可供执行财产，则恢复执行，是为"回路"。《实施标准》明确了恢复执行的条件和程序，即对于终结本次执行程序的执行案件，申请执行人发现被执行人有可供执行的财产或者财产线索的，可以向法院申请恢复执行；法院也可以依职权恢复执行。

5. 退出标准化

对于执行不能案件，法院不是不作为而是无法作为。为了避免浪费司法资源、损害法院司法权威，深圳中院创新性地建立了执行不能案件的退出机制。2012 年，深圳中院颁布《深圳市中级人民法院关于执行不能案件移送破产程序的若干意见》，规定了执行不能案件的执行程序与破产程序的衔接制度机制。2014 年年底，深圳中院着手修订《深圳市中级人民法院关于执行不能案件移送破产程序的若干规定》（目前尚在修改中）。《实施标准》根据被执行人主体性质（自然人或者企业法人）的不同，进一步明确了不同的执行退出路径。

对于执行不能案件的被执行人为企业法人的，法院引导申请执行人或者其他债权人提出破产清算申请进入破产清算程序，使被执行人完全退出市场。在破产清算案件受理前，法院可以根据申请执行人的申请限制被执行人及其法定代表人、主要负责人、影响债务履行的直接责任人以企业法人的财产进行高消费。

执行不能案件的被执行人为自然人的，法院引导申请执行人申请限制其高消费，"限高令"在深圳信用网公示，在被执行人住所及所在社区、被执行人户籍所在地张贴，同时向被执行人所在单位、街道办事处、户籍所在公安派出所送达，告知公众如发现其有高消费行为，可向法院举报，予以司法拘留甚至追究其刑事责任。在限制高消费的同时，被执行人的信息还要在深圳公安、市场监管、规划和国土、银行等联动部门锁定，限制被执行人在深圳办理出入境手续、经办企业、购买房产、贷款等，使其不能有市场经营行为，陷入准破产的境地。

（三）完善执行管理制度体系

为规范执行行为、提升执行力度，深圳中院将执行程序进行了分解，制定出台较为全面完整的制度文件（见表1），每一个节点都有相应的文件加以规范，形成强有力的制度保障体系，实现了执行工作的常态化、制度化和精细化。

表 1　　　　　　　　　　深圳中院及执行局出台的执行相关文件

规范事项	文件名称
综合事项	《关于加强和规范执行工作的实施意见》（深中法〔2011〕55 号）
执行联动	《关于我局与外省市法院执行局建立协助执行机制的通知》（〔2010〕深中法执他字第 15 号）
	《关于请求公安机关协助查控被执行人若干问题的规定（试行）》（〔2010〕深中法执他字第 10 号）
	《关于使用法院查控网查证功能的规定（试行）》（〔2012〕深中法执他字第 6 号）
	与深圳市规划和国土资源委员会《关于协助人民法院执行的工作纪要》（深中法发〔2013〕5 号）
	《关于重新规范办理限制出境手续的通知》（〔2012〕深中法执他字第 31 号）
	《关于执行案件中股权冻结相关问题的通知》（〔2013〕深中法执他字第 13 号）
	《关于查控网开通港运业务限制功能的通知》（〔2012〕深中法执他字第 34 号）
	《关于查询被执行人通讯信息工作的通知》（〔2012〕深中法执他字第 40 号）
	《机场限制乘飞机规定》（〔2012〕深中法执他字第 36 号）
	《关于安居房、保障性住房司法强制执行的会议纪要》（〔2013〕深中法执他字第 15 号）
	《关于住房公积金司法强制执行的意见》（〔2013〕深中法执他字第 20 号）
	《关于规范执行过程中涉及拘留相关事项的通知》（〔2013〕深中法执他字第 19 号）
	《关于在执行工作中落实住房限购政策的通知》（〔2014〕深中法执他字第 9 号）
	《关于与部分中（高）院执行局建立跨区域协助执行机制的通知》（〔2014〕深中法执他字第 11 号）
	《关于与外地法院签订跨区域协助协议的补充通知》（〔2014〕深中法执他字第 32 号）
	《深圳市中级人民法院执行局深圳市交通警察局关于查封、限制被执行人机动车财产权工作纪要》（〔2014〕深中法执他字第 33 号）
	《住房公积金协助执行工作的会议纪要》（〔2014〕深中法执他字第 34 号）
	《关于小汽车增量调控涉司法小汽车过户有关事项的通知》（〔2015〕深中法执他字第 8 号）

续表

规范事项	文件名称
财产处分	《关于委托评估、拍卖信息发布的实施细则（试行）》（深中法〔2013〕60号）
	《关于进一步规范委托评估、拍卖工作并进行备案的通知》（〔2013〕深中法执他字第 22 号）
	《关于规范全民所有制非公司企业法人投资权益冻结问题的通知》（〔2012〕深中法执他字第 24 号）
	《摇珠选择评估拍卖机构、拍卖应通知所有执行当事人到场，评估报告应发送所有执行当事人》（〔2014〕深中法执他字第 4 号）
	《关于规范民事执行中查封、扣押、冻结、处分被执行人财产的若干指引（试行）》（〔2014〕深中法执他字第 10 号）
	《关于被处置抵押物解封及过户应同步进行的通知》（〔2014〕深中法执他字第 21 号）
	《关于规范机动车评估、拍卖相关事项的通知》（〔2015〕深中法执他字第 9 号）
主体变更	《关于在执行金融不良债权转让案件中变更申请执行主体有关问题的规定》（〔2009〕深中法执他字第 7 号）
	《〈关于在执行金融不良债权转让案件中变更申请执行主体有关问题的规定〉的补充规定》（〔2012〕深中法执他字第 15 号）
	《关于执行程序中追加、变更被执行人的若干规定》（〔2014〕深中法发字第 10 号）
文书处理	《深圳市中级人民法院执行局文书审签规定（试行）》（〔2009〕深中法执他字第 9 号）
	《关于适用公告送达若干问题的通知》（〔2013〕深中法执他字第 6 号）
	《关于执行程序中适用公告送达法律文书的若干规定（试行）》（〔2013〕深中法执他字第 18 号）
	《关于规范填写适用〈执行异议、案外人异议案件移送审批表〉的通知》（〔2012〕深中法执他字第 29 号）
	《关于修改限制出境对象通知书及有关要求的通知》（〔2013〕深中法执他字第 21 号）
	《深圳市中级人民法院执行局文书审签与事项审批规定》（〔2015〕深中法执他字第 1 号）
终结本次执行程序	《关于规范以终结本次执行程序方式结案的规定（试行）》（〔2013〕深中法执他字第 27 号）
	《关于终本审批权限的通知》（〔2013〕深中法执他字第 8 号）
	《关于执行不能案件移送破产程序的若干意见》（深中法发〔2013〕6 号）

规范事项	文件名称
执行款管理	《关于查询被执行人通讯信息工作的通知》（〔2012〕深中法执他字第40号）
	《深圳市中级人民法院执行款管理规程》（深中法发〔2012〕3号）
	《执行款划付流程》（〔2014〕深中法执他字第5号）
	《关于为困难当事人申请司法救助金的通知》（〔2011〕深中法执他字第30号）
	《关于规范司法救助申请流程及标准的通知》（〔2012〕深中法执他字第20号）
行为规范	《深圳市中级人民法院执行局关于推行执行工作月报制度的通知》（〔2011〕深中法执他字第2号）
	《关于执行案件信息录入系统的暂行规定》（〔2012〕深中法执他字第26号）
	《关于在综合业务管理系统中及时录入执行日志的通知》（〔2012〕深中法执他字第16号）
	《执行局出差办案管理规定》（〔2013〕深中法执他字第23号）
	《鹰眼查控网授权使用人员操作规范指引》（〔2014〕深中法执他字第15号）
	《深圳市中级人民法院执行局（执行指挥中心）网络查控工作规程》（〔2014〕深中法执他字第35号）
	《关于规范集中清理一年以上未结案件的若干指引》（〔2014〕深中法执他字第30号）
	《查控组保密守则》
	《关于严格遵守保密规定、不得告知当事人查控网财产查控情况的通知》（〔2012〕深中法执他字第32号）
	《关于规范公布失信被执行人名单信息相关工作的通知》（〔2014〕深中法执他字第12号）
	《异议案件立案审查规定》（〔2014〕深中法执他字第14号）
	《关于公布失信被执行人名单信息规程》（〔2015〕深中法执他字第2号）

（四）强化执行程序审查监督

执行案件的审查监督权是监督实施裁决权和实施事务权运行的权力，主要包括执行异议审查权、申诉信访审查权、督促权、恢复执行权、结案审查权等。深圳中院设立执行监督处对执行案件实行执行审查专管，并建立了较为完善的内部监督体系。执行监督处通过执行异议、复议案件的审查，对每一个执行行为的合法性进行监督；通过对来人访、来信访等执行信访案件的立案办理，实现对消极执行、拖延执行、瑕疵执行和不当执行的监督。深圳中院通过"四化"实现执行审查专管。

1. 监督机构"专门化"

深圳中院在执行局内设置执行监督处，其主要职能包括：对执行行为异议、复议、案外人异议、变更申请执行主体、执行申诉和信访等案件进行审查；恢复执行审查；沟通协调重大执行案件、向上级法院请示、督促下级法院执行、对下级法院执行进行指导；组织调研、制定规范性指导意见。在运行流程上，以执行裁决处法官为中心，执行裁决处法官发出任务指令后，由执行实施处工作人员具体办理；当事人或利害关系人对执行行为提出异议的，移交执行监督处进行审查。

2. 申诉信访"专管化"

深圳中院执行监督处引导当事人依法解决信访诉求，将执行申诉信访案件分类立案，指定专人跟案处理，做到"有访必复，有案必处"。执行监督处针对不同的执行情形分类处理执行信访案件，实现专项监督。例如，执督字案件针对消极执行、拖延执行情形实施监督；执监字案件针对瑕疵执行、违法执行、衍生信访情形实施监督；执信字案件针对不当执行情形实施监督。

3. 法官接访"日常化"

《实施标准》规定，执行过程中，申请执行人、被执行人或者利害关系人认为执行行为违反法律规定的，可以依照民事诉讼法的规定，向法院提出书面异议，法院应当依法处理。为方便群众，深圳中院信访大厅设执行信访专门窗口，全体执行法官周一到周五轮值接访；每周四下午固定由执行局、处领导接访，实现执行法官接访日常化。

4. 监督指导"专业化"

《实施标准》规定，上级法院可以根据申请执行人、被执行人或者利害关系人的申请对下级法院的案件执行进行执行监督，也可以依职权进行执行监督。深圳中院执行监督处将信访监督与业务指导有机结合，以信访监督发现的问题为导向对基层法院指导，使业务指导更有针对性；以日常业务指导规范执行行为，提前消除信访隐患。对于重大信访、涉及维稳等案件，执行法官应当组织申请执行人、被执行人及利害关系人进行执行听证。执行法官可以邀请人大代表、政协委员等见证执行。

（五）实体指标客观且可量化

《实施标准》由程序指标和实体指标组成，程序指标为深圳执行工作确立了流程性标准，实体指标则侧重于对执行结果的衡量。实体指标的指标项标识出指标的正负相关性，明确了目标值区间，列明核算公式及得分标准。执行案件的办理，只要程序上符合程序规范，所有结案实体上达到实体指标的达标值区间，即可视为基本完成执行工作。《实施标准》从公正、效率和效果三方面确立实体指标，抓住了执行工作的本质特征、核心价值和终极目标。

1. 执行工作的本质特征是公正

对于审判机关而言，公正是首要价值，执行工作也不例外。根据《实施标准》，公正指标由执行公开率、执行行为撤改率、国家赔偿率三项具体指标组成。首先，公正的执行工作应当是公开的，包括执行过程和执行结果的公开，具体要求是执行过程录入执行日志，失信被执行人纳入信用征信系统，承载执行结果的执行法律文书要在网上公开。根据《实施标准》，评判执行工作的一项指标就是执行公开率，即达到执行公开标准的执行案件数与执行案件结案总数的比率，其中的执行信息公开标准由执行监督部门根据《广东法院推进司法公开三大平台建设的工作方案》等文件的相关规定予以认定。其次，评判执行工作是否公正，执行行为撤改率和国家赔偿率也是两个重要的衡量指标。公正的执行意味着执行行为被撤销、改正或者被责令做出执行行为的案件数和因执行而导致国家赔偿的案件数，占执行案件结案总数的比率被控制在很低的区间。

2. 执行工作的核心价值是效率

与审判相比，执行更强调效率。《实施标准》的效率指标中的平均执行周期和执行措施采取率最能反映执行工作的力度与效率。为了尽快实现申请执行人的合法权益，彰显执行程序效率优先的价值理念，《实施标准》

将平均结案周期作为衡量效率的指标，平均结案周期越短，执行效率越高。另外，执行效率有赖于执行力度的提升，为了提高执行效率，深圳中院强调穷尽执行措施，以提升执行措施采取率。根据《深圳市中级人民法院关于基本解决执行难目标的程序规范》，执行措施包括：（1）"五查"；（2）查询被执行人居住证件信息、常住人口信息、租房信息、边境证件信息、出入境记录、狱政信息、通信记录、酒店住宿信息、乘机记录、法定代表人身份信息等；（3）查询被执行人住房公积金、社保登记、托管股权、港行货运信息等；（4）制发查证结果通知书；（5）限制出境；（6）限制乘飞机；（7）限制高消费；（8）限制商事登记事项变更；（9）纳入失信被执行人名单；（10）委托被执行人户籍地法院调查被执行人财产；（11）委托被执行人服刑场所调查被执行人财产；（12）司法救助；（13）悬赏执行；（14）罚款；（15）拘留；（16）追究刑事责任。这些执行措施多管齐下，大大提高了执行效率。

3. 执行工作的终极目标是效果

评判执行工作最终是看执行效果，效果指标强调执行完毕率，提高部分执行率，同时考虑当事人的感受，设定信访投诉率。首先，衡量执行效果要看执行结案中，多少案件能够得到执行。执行案件的办理，最终的检验标准是当事人的全部权益是否得到实现，当事人对人民法院执行工作是否理解和满意，所以案件是否执行完毕，当事人对人民法院的执行工作是否满意，是实施标准必须考量的因素。执行完毕、和解并履行完毕、终结执行、准许申请执行人撤回强制执行申请的案件，案结都能事了，将这类案件所占比例作为衡量解决执行难的指标，符合执行工作本身的要求。其次，衡量执行效果还要看在终本案件的总申请标的中执行到位的金额占比情况。另外，信访投诉也是影响执行效果的重要因素，《实施标准》用案访比来反映信访投诉率，具有一定的客观性。

五　《实施标准》的施行效果

2013年9月，最高人民法院提出执行工作的"一性两化"工作思路，即依法突出执行工作强制性，全力推进执行工作信息化，大力加强执行工作规范化。深圳中院自2011年以来围绕"基本解决执行难"目标开展的执行工作体现了最高人民法院所提出的"一性两化"：通过加大执行强制措施的适用力度，突出执行强制性，树立司法权威；通过鹰眼查控网和极光集约系统，加大信息化建设，提升执行质效；通过流程再造和执行公开网，推进规范化建设，促进执行公正。深圳法院向科技要效率，向管理要效益，强力推进执行信息化建设，为实现基本解决执行难提供了坚实的保障。

问卷调查结果显示，深圳法官对近两年深圳法院的执行行为总体持正面评价。在回收的317份有效的深圳法官问卷中，除了两份拒答、两份多选作废之外，174人认为深圳两级法院在执行方面称职，在有效作答中占55.6%；104人认为基本称职，占33.2%；4人认为不称职，占1.3%；31人回答不清楚，占9.9%（见图3）。

超过 1/2 的深圳律师认为深圳法院的执行好于其他地区。针对深圳律师的问卷调查显示，在 1337 个代理过执行案件的调查对象中，除了 5 人拒答、4 人多选作废之外，有 687 人认为好于其他地区，占 51.7%；251 人认为和其他地区差不多，占 18.9%；73 人认为其他地区有的更好，占 5.5%；317 人认为不好评价，占 23.9%（见图 4）。

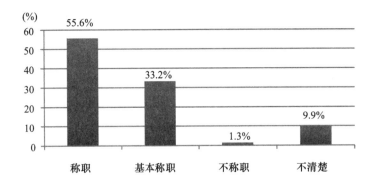

图 3　深圳法官对深圳法院执行行为的评价

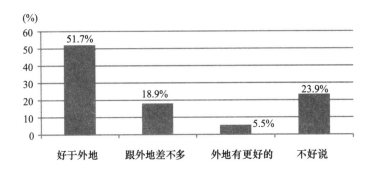

图 4　深圳律师关于深圳法院与其他地区法院的执行行为的评价

（一）有效保障申请人知情权

执行案件由申请执行人提起，在办理过程中要保障申请执行人对案件进展情况的知情权。另外，法院对被执行人财产的查控和处分具有较强的对抗性，因此，保障被执行人对强制执行措施的知情权也非常重要。为此，《民事诉讼法》和最高人民法院的司法解释均对保障执行当事人的程序权利作了明确规定。《最高人民法院关于人民法院民事执行中查封、扣押、冻结财产的规定》第9条、第10条规定，查封不动产，要向不动产所有人和申请执行人送达执行裁定书和查封通知书。《民事诉讼法》第245条规定，人民法院查封、扣押财产时，被执行人是公民的，应当通知被执行人或者他的成年家属到场；被执行人是法人或者其他组织的，应当通知其法定代表人或者主要负责人到场。《最高人民法院关于人民法院执行工作若干问题的规定（试行）》第53条规定，冻结有限责任公司股权和非商事股份有限公司的股份，向被执行人送达执行裁定书和冻结通知书；查封动产，通知被执行人本人或成年亲属到场。

《实施标准》的重要任务是保护当事人的合法权益，让当事人在执行案件的每一个阶段感受到公平正义。课题组通过案卷评查和问卷调查两种方式分析深圳中院在执行过程中对当事人知情权的保障度，结果显示，深圳中院较为重视对申请执行人的知情权保障。

1. 告知立案信息

课题组对近两年深圳法院在接到执行申请后告知准予或不准予立案的情况进行问卷调查。针对深圳律师的调查结果显示，在 1337 个代理过执行案件的调查对象中，除了 5 人拒答之外，有 801 人回答均告知，占 60.1%；319 人回答多数告知，占 23.9%；回答少数告知或不告知的，只有 193 人，占 14.5%；还有 19 人回答不清楚，占 1.4%。其他地区律师的问卷调查结果显示，深圳法院对申请人是否立案的知情权的保障度略高于其他地区法院。在 1714 个代理过执行案件的其他地区律师中，除了 17 人拒答之外，有 799 人回答均告知，占 47.1%，比深圳律师低 13 个百分点；469 人回答多数告知，占 27.6%，比深圳律师高近 4 个百分点；回答少数告知或从未告知的有

395 人，占 23.3%，比深圳律师高约 9 个百分点；还有 34 人回答不清楚，占 2.0%（见图 5）。

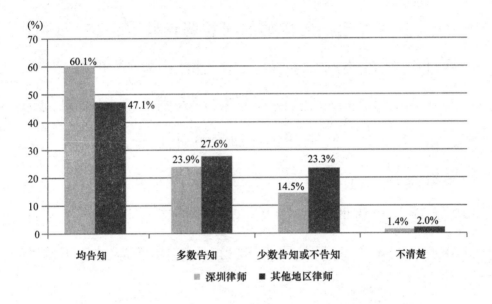

图 5　深圳律师与其他地区律师收到法院告知立案信息的情况

2. 告知"五查"结果

法院在主动查询财产之后，未发现被执行人有可供执行财产，或者可供执行财产执行完毕后，申请执行人债权无法全部实现的，法院应当向申请执行人发出查证结果通知书。问卷调查显示，深圳法院告知申请人财产查询结果的情况好于其他地区。针对深圳律师的问卷调查显示，在 1337 个代理过执行案件的调查对象中，除了 7 人拒答之外，有 266 人表示均收到法院对被执行人财产查询结果的通知，占 20.0%；404 人表示多数收到，占 30.4%；398 人表示少数收到，占 29.9%；255 人表示从未收到过，占 19.2%；7 人表示不清楚，占 0.5%。针对其他地区律师的问卷调查显示，在 1714 个代理过执行案件的调查对象中，除了 15 人拒答之外，有 196 人表示均收到法院对被执行人财产查询结果的通知，占 11.5%，低于深圳律师 8.5 个百分点；378 人表示多数收到，占 22.2%，低于深圳律师 8.2 个百分点；442 人表示少数收到，占 26.0%，低于深圳律师 3.9 个百分点；654 人表示从未收到过，占 38.5%，高于深圳

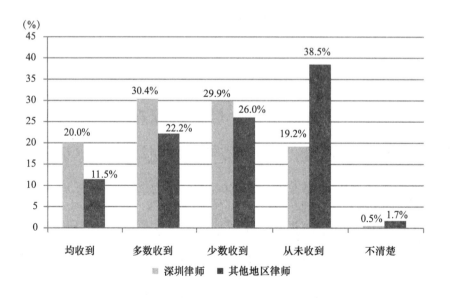

图 6　深圳律师和其他地区律师收到法院告知申请人财产查询结果的情况

律师近 20 个百分点；29 人表示不清楚，占 1.7%（见图 6）。

3. 告知执行措施

申请执行人需要了解执行的进展情况，深圳法院重视告知申请执行人采取执行措施的有关情况。深圳律师的问卷调查显示，深圳法院在采取强制措施后通常会告知申请人。在 1337 个代理过执行案件的调查对象中，除了 13 人拒答、1 人多选作废之外，有 398 人回答均被告知，占 30.1%；477 人回答多数被告知，占 36.1%；330 人回答少数被告知，占 24.9%；102 人回答均未被告知，占 7.7%；16 人回答不清楚，占 1.2%。针对其他地区律师的问卷调查显示，其他地区法院告知申请人采取执行措施的情况与深圳法院基本保持一致。在 1714 个代理过执行案件的调查对象中，除了 15 人拒答之外，有 484 人回答均被告知，占 28.5%，533 人回答多数被告知，占 31.4%；450 人回答少数被告知，占 26.5%；187 人回答均未被告知，占 11.0%；45 人回答不清楚，占 2.6%（见图 7）。

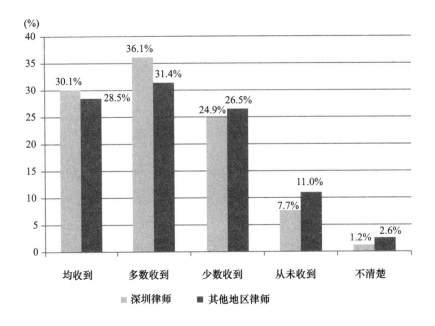

图7   深圳律师和其他地区的律师收到法院告知采取执行措施的情况

4. 告知结案信息

生效法律文书确定的给付义务履行完毕，法院应当制作结案文书并送达申请执行人和被执行人。案卷评查结果表明，深圳中院的大多数案件都会向申请人送达执行中止、终结信息。在被抽查的200个案卷中，除了75个案件不适用之外，有118个案件送达了中止或终结文书，占94.4%；未送达的，只有7个，占5.6%。

（二）强制执行力度大幅提升

强制执行是实现生效法律文书的重要途径，是维护社会和经济正常秩序、保护当事人合法权益的重要法律制度，是维护司法权威的内在要求。法院执行不作为、执行不力一直饱受诟病，被认为是执行难的重要因素。2005 年 12 月 26 日，中央政法委下发《中央政法委关于切实解决人民法院执行难问题的通知》（政法〔2005〕52 号），对执行难的性质、成因、特点进行了深入分析与科学定位，提出了以构建"执行威慑机制"为核心切实加大人民法院执行工作力度。《实施标准》在对执行难进行准确界定之后，确立执行标准，最大限度挖掘法院的执行空间。深圳中院通过加强财产查控力度、限制被执行人的活动自由度、加大执行惩戒措施以及处罚拒不履行协助义务的单位等措施，提升了深圳中院的执行力度。

1. 加大财产查控力度

鹰眼查控系统运行以来，深圳中院对被执行人的财产查控力度大为增强，主要表现为"五查"率高位运行、财产查控数量逐年上升、财产查控的种类与范围有所扩大、及时查控效果显著增强等方面。

第一，"五查"率高位运行。从案卷抽查结果来看，深圳中院执行案件的"五查"率非常高。在 200 份案卷中，除了76件不需要"五查"外，有98件经过了"五查"，"五查"率接近80%，还有近10%的案件进行了部分查询，这意味着近90%的执行案件经过了财产查询（见图8）。问卷调查结果显示，深圳法院立案后主动进行"五查"的做法得到绝大多数深圳律师的认同。针对深圳律师的问卷调查显示，除了10人未作答之外，1422人认为有必要主动"五查"，占97.7%；12人认为没有必要，占0.8%；21人认为无所谓，占1.4%。

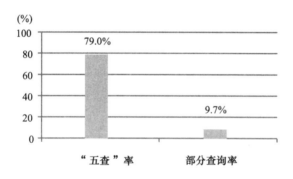

图8 深圳中院执行案卷反映出来的"五查"率

第二，财产查控数量逐年上升。鹰眼查控系统数据显示，2012—2014年三年间，执行案件的财产查控数据呈逐年上升趋势。根据2012年、2013年、2014年"鹰眼查控网"财产查询任务年度数据（见表2），除了托管股权之外，深圳中院向车辆管理、房地产权、工商股权、银行账户、人民银行、证券登记等联动单位发送财产查询的数量以及查到的财产数均逐年上升。根据 2012 年、2013 年、2014 年"鹰眼查控网"财产控制数据（见表 3），深圳中院向车辆管理、房地产权、工商股权、银行账户等联动单位发送财产控制的数量以及实控财产数也都呈现逐年上升趋势。从启动到 2015 年 11 月 30 日，通过"鹰眼查控网"实际冻结银行金额 52 亿元，实际扣划银行金额 30 亿元，查询到房产 585186 套，控制房产 27525 套，协助相关机关查询 28290 人次。

表2　　　　2012 年、2013 年、2014 年"鹰眼查控网"财产查询数据　　单位：件、个

查询内容	2012 年		2013 年		2014 年	
	发送联动单位数量	查询到财产数	发送联动单位数量	查询到财产数	发送联动单位数量	查询到财产数
车辆管理	33224	74723	36480	115749	55972	162363
房地产权	34432	84884	40540	105195	56705	124477
工商股权	32876	58455	39206	63102	55512	88922
银行账户	81923	177596	138672	325802	204848	485496
托管股权	2734	2759	1247	1251	1597	1584
人民银行	35809	196177	41520	302536	57972	458037
证券登记	34096	41322	39999	49283	57401	83813
合计	255094	635916	337664	962918	490007	1404692

注：本报告所引用的司法统计数据除有特殊说明的均来自广东省法院的综合业务系统。

表3　　2012 年、2013 年、2014 年"鹰眼查控网"财产控制数据　　单位：件、个

财产类型	2012 年		2013 年		2014 年	
	发送联动单位	实控财产数	发送联动单位	实控财产数	发送联动单位	实控财产数
车辆管理	1976	3803	4084	6471	5964	9337
房地产权	1779	1690	3635	4693	5826	7625
工商股权	1617	1761	2951	3117	4339	4707
银行账户	11606	12277	32662	37896	48604	57797
合计	16978	19531	43332	52177	64733	79466

　　第三，财产查控范围不断扩大。鹰眼查控系统的数据显示，近年来，深圳中院对财产的查控种类和范围不断扩大：执行法官对被执行人财产的查控种类由原先的 4 项扩展到现在的 28 项；对被执行人财产的查找范围也由原来的仅限于深圳市扩展到广东省范围，部分财产如银行账户开户信息、股票基金信息扩展到全国范围。

　　第四，查控及时，效果显著。深圳中院受理执行案件后 3 日内主动查询被执行人财产，大量被执行人尚未来得及转移财产即被查控，大大降低了财产转移风险。深圳中院的一个案例非常典型。2012 年 9 月 10 日，厦门某软件开发有限公司向深圳中院提出执行申请，要求深圳市某创业投资有限公司返还投资资金本金人民币 3920

万元及相关利息、律师费、仲裁费等。承办法官按照《执行案件办案流程》于9月12日8点50分将被执行人财产查询上传至"鹰眼查控网"。9月17日9点，深圳人民银行反馈信息：被执行人在民生银行、招商银行分别开户。9月17日9点19分，"鹰眼查控网"分别向这两家银行发出商业银行存款余额查询指令。同日16点32分，招商银行查询信息反馈：被执行人有存款余额22914869元；9月18日17点28分，民生银行反馈：没有开户信息。9月20日，"鹰眼查控网"发出冻结指令，控制被执行人在招商银行的存款人民币22914869元，从而最大限度为申请执行人实现了执行权益。

2. 强化信用惩戒措施

深圳中院凸显执行工作强制性，加大对被执行人执行强制措施的应用。统计数据显示，"鹰眼查控网"从启动到2015年11月30日，共进行人员查控17919人次。2012—2014年，深圳中院采取限制出境、限制乘飞机等各种措施数量逐年上升。被执行人列入失信被执行人名单后，无法购买飞机票，也就无法对之采取限制乘飞机措施，因此，2015年随着被执行人列入失信被执行人名单和比例逐渐增加，启动限制乘飞机措施的案件有所减少（见表4）。

表4   "鹰眼查控网"限制出境、限制乘飞机任务年度数据   单位：宗

年度	报送省高院	发送联动单位
2012	168	74
2013	373	381
2014	743	599
2015（截至11月30日）	730	118
合计	2014	1172

另外，深圳中院加强了执行曝光力度，通过深圳信用网发布的失信被执行人的数量从2013年开始有大幅度提升（见表5）。

表5   深圳中院通过深圳信用网发布的失信被执行人的数量   单位：人

年份	2012	2013	2014	2015（截至11月30日）
失信被执行人数量	2656	2621	3738	4018

3. 追究被执行人刑事责任

违法成本过低是被执行人逃避执行的重要原因，因此，增大违法成本、严厉制裁违法行为，是保障当事人合法权益、树立法律权威的必经之路。在执行实践中，被执行人擅自转移、处分被人民法院查封的财

产（特别是机器设备等动产）的情况不时出现，对此
类妨害法院强制执行的情形如何惩戒，以及在惩戒的
同时如何顺利、有效地推进执行，是人民法院面临的
现实问题。

　　深圳中院突出执行工作强制性，取得了良好效果，
这里举一个典型案例。深圳中院于 2012 年 5 月 22 日依
法对申请执行人某集团与被执行人郑某某、某实业公司
及其分公司房屋租赁合同纠纷执行一案（申请执行标
的为 1.1 亿元）立案执行后，多次向被执行人送达执
行令及有关通知书，但被执行人拒不履行生效法律文书
确定的义务。在执行过程中，深圳中院依法主动对被执
行人的财产进行了查询，除依法强制扣划了该案审理过
程中冻结的被执行人银行存款人民币 800 多万元外，未
发现被执行人有其他可供执行的财产。被执行人自
2008 年 3 月 9 日使用涉案房屋以来未向申请执行人支
付过任何租金及扣点提成等费用，该案所涉执行标的金
额巨大、腾退房屋面积巨大，还涉及 1000 多名员工撤
离的社会维稳问题，社会影响较大。为加大执行力度，
2013 年 1 月，深圳中院通过深圳市政法委，组织法院、
公安局、检察院、区政府、街道等相关部门多次召开了

执行联动工作会议，确定了对被执行人郑某某实施司法拘留及对其涉嫌拒不执行法院生效判决罪进行刑事立案侦查的执行工作方案。在强大的执行措施压力下，被执行人于 2013 年 2 月 1 日向申请执行人主动清偿了人民币 3000 万元。之后，被执行人又不再履行剩余义务。2013 年 6 月 26 日，深圳中院依法对被执行人郑某某实施司法拘留。在该项措施的威慑下，被执行人郑某某于 2013 年 7 月 10 日委托被执行人某实业公司及其公司管理人员平稳清退了 1000 多名员工并同意交付涉案 13000 多平方米的房屋给申请执行人，该案执行工作再次取得突破性进展。一系列执行强制措施，使得被执行人感受到了强大的执行压力及威慑力，加大了自动履行的力度，有力地推动了执行工作。

4. 惩处不履行协助义务单位

在执行过程中，有些查封、冻结措施以及财产权证照办理转移手续等，需要有关单位配合才能完成人民法院的执行行为，当事人的权利才能得以保障和实现。因而，协助执行在法院执行工作中就显得尤为重要。如果协助执行义务单位拒不协助执行，人民法院可以采取司法制裁措施，以维护法律的权威，保障当事人合法权益的实现。深圳中院在执行实务中强化对违反协助义务者的制裁，对拒不协助人民法院执行的单位、个人，依法予以罚款、拘留。以下就是法院采取司法制裁措施促使相关单位履行了协助义务的两个典型案例。

案例一：深圳中院于 2011 年 3 月 14 日冻结了被执行人四川省某市人民政府所有的该市财政局名下在中国银行该市分行账户存款人民币 1064 万元。2011 年 9 月 7 日，深圳中院前往中国银行该市分行办理上述款项的续冻手续，在依照规定出示工作证件、送达协助执行通知书（续冻）及裁定书后，该银行工作人员以续行冻结须先行解除冻结，而深圳中院未送达解除冻结文书为由不予办理续行冻结手续。同时，该行工作人员向该市政府通风报信，市政府多名人员赶到银行，阻挠办案，不准深圳中院续冻，深圳中院只得留置送达后离开。深圳中院决定对中国银行该市分行罚款 30 万元。后因该分行派员到深圳中院承认错误，做出检讨并办理了续冻手续，深圳中院将罚款变更为 3 万元，该罚款已经执行。

案例二：1997 年 7 月 3 日，深圳中院查封了被执行人深圳某实业有限公司与北京市某房地产公司合作开发的"某花园"十七套住房。1998年8月12日，深圳中院做出民事裁定，裁定深圳某实业股份有限公司代被执行人偿还8754060元给深圳平安银行股份有限公司，上述十七套住房归深圳某实业股份有限公司所有。与此同时，法院向北京某区住房和城乡建设委员会发出民事裁定书和协助执行通知书，要求其协助办理产权转移登记手续。但北京某区住房和城乡建设委员会并未协助办理产权转移登记手续。2009年7月12日，法院再次向北京市该区住房和城乡建设委员会发出相关民事裁定书和协助执行通知书，要求办理过户。2011年5月，北京市该区住房和城乡建设委员会向法院发出《征询函》称被执行人与深圳某实业有限公司就合作开发花园房地产项目纠纷在北京市第二中级人民法院诉讼，询问是否进行履行协助义务。深圳中院于同年5月25日发出《关于协助办理某花园部分房产强制过户的复函》，认为北京市第二中级人民法院的诉讼并不影响本案的执行，北京市某区住房和城乡建设委员会应立即履行协助义务，办理相关房产的过户手续。但该单位仍然没有按照规定的期限履行协助义务。2011年8月10日，深圳中院发出《罚款决定书》，决定对北京市某区住房和城乡建设委员会拒不协助履行的行为予以罚款30万元。同时，深圳中院向北京市某区人民政府、北京市住房和城乡建设委员会发出《司法建议书》，请其督促该区住房和城乡建设委员会在规定的期限内履行协助义务。之后，由于北京市某区住房和城乡建设委员会既没有履行协助义务，也没有缴纳罚款，深圳中院对罚款予以强制扣划。

（三）终本案件恢复执行程序畅通

1. 履行"五查"及严格的审批程序

课题组对深圳中院以终结本次执行程序结案的部分案件进行了卷宗评查，考察事项包括：是否经过了"五查"，确定未发现可供执行的财产或者可供执行的财产不足；是否有申请执行人的终本申请；是否经过合议庭审议；是否经过主管领导的审批。案卷评查结果显示，深圳中院在司法实践中对终本结案较为慎重，在53个以暂无财产而终本的案件中，除了9个案件不需要"五查"之外，经过"五查"的案件有41个，占93.2%；未经过"五查"的只有3个，占6.8%。所有终本案件均经过了合议庭的合议。200个案件中，除了124个案件不适用和 19 个案件不需要申请执行人申请之外，38 个案件有申请执行人的申请，占 66.7%；其中 22 个案件有终本申请书，占 38.6%；8 个案件有中止申请书，占 14.0%；8 个案件虽然无申请书，但是执行记录中显示有申请，占 14.0%。200 个案件，除了 124 个不适用之外，有 68 个经过了领导审批，审批率接近 90%（见图 9）。

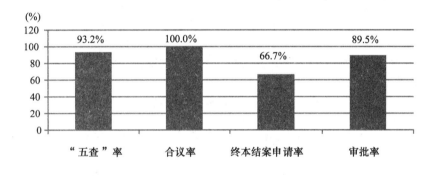

图 9　案卷显示深圳中院终本结案标准高

2. 终本后仍持续采取强制措施

终本决定做出之后，执行程序终结，但是对被执行人（被执行人为企业法人或其他组织的，对其法定代表人或负责人）所采取的限制出境、限制高消费、限制工商登记事项的变更等强制措施并不随执行程序而终结。强制执行措施并不中断，这对被执行人产生持续影响，形成高压态势，促使被执行人履行义务。根据深圳中院的统计，在深圳两级法院的终本案件中，结案后因限制出境、限制乘飞机、列入失信被执行人名单等惩戒措施而恢复执行的，有 2000 件左右，约占终本案件的 7%。以下为两个典型案例，一个是终本后通过限制出境促使被执行人履行义务；另一个是终本后通过锁定被执行人的工商信息促使被执行人主动履行义务。

案例一：申请执行人深圳市某服饰有限公司向深圳中院申请强制被执行人深圳某服饰有限公司、王某履行生效法律文书确定的义务。深圳中院经过"五查"没有发现被执行人有可供执行的财产，调查结果告知申请执行人后，申请执行人表示没有异议，也无法提供被执行人可供执行的财产线索。由于被执行人下落不明，暂无可供执行的财产线索，深圳中院遂以终结本次执行程序方式结案。终本结案前，深圳中院向深圳市公安局查询了被执行人王某和深圳某服饰有限公司法定代表人周某的出入境证件号码信息，并进行限制出境。2015 年 4 月 13 日，周某在深圳湾口岸前往香港出境检查过程中被检查站截获，随后双方达成执行和解协议，被执行人支付了人民币 3 万元。2015 年 4 月 15 日，申请执行人即向法院提交申请书，称本案双方已达成和解并履行完毕，申请解除对被执行人的拘留措施。

案例二：申请执行人许某与被执行人深圳某机械电气制造有限公司经济合同纠纷一案，深圳仲裁委员会发出的调解书已经发生法律效力。由于被执行人没有履行生效法律文书确定的内容，申请执行人于2013年9月29日向深圳中院申请强制执行，请求被执行人支付执行款本息共计人民币85986元。经"五查"，被执行人名下无可供执行财产，深圳中院以终结本次执行程序结案，并于2013年10月30日锁定了被执行人的工商登记信息，限制其商事变更登记。2014年11月25日，被执行人主动来到法院，表示愿意主动履行全部债务，请求法院尽快解除工商登记信息的锁定。同日，被执行人将执行款本息全额支付至深圳中院执行款专户，深圳中院将款项划付给申请执行人后执行结案。

（四）执行活动透明规范廉洁

执行难的原因除了被执行人逃避或对抗执行之外，还有一种原因是执行乱，即执行机关的执行行为不规范、不及时，最终导致申请执行人的执行权益无法及时、全部实现。执行乱有多种表现形式，如评估拍卖环节不自律、截留执行款项以及接受被执行人贿赂而消极执行等。克服执行乱作为，需要提升职业道德和行为规范，强化执行公开和监督机制。2010 年 12 月，最高人民法院先后修订发布了《法官职业道德基本准则》（法发〔2010〕53 号）和《法官行为规范》（法发〔2010〕54 号），提出"文明执行""避免乱作为"的要求。深圳中院主要通过对"执行款的收取、划付""委托评估、拍卖机构"以及司法人员的执行行为进行规范，并辅助以执行公开，以达到解决乱执行所带来的执行难问题。

1. 执行收费严格合规

（1）严格按照规定不预收执行申请费

根据《诉讼费用交纳办法》第 10 条的规定，执行申请费执行后交纳，不需申请人预交。在抽查的 200 份案卷中，有 192 份案卷显示申请人没有预交执行费，占 96%。

（2）网上发布拍卖、悬赏公告免费

最高人民法院 2010 年《最高人民法院关于限制被执行人高消费的若干规定》，限制高消费令的公告费用由被执行人负担，申请执行人申请在媒体公告的，应当垫付公告费用。2014 年最高人民法院《关于人民法院执行流程公开的若干意见》要求，各级人民法院通过互联网门户网站（政务网）向社会公众公开本院听证公告、悬赏公告、拍卖公告等。法院决定限制高消费的，应当向被执行人发出限制高消费令，限制高消费令可以向被执行人住所地、经常居住地居委会及其单位送达，也可以在前述地址相关媒体上进行公告，公告费用由被执行人负担。申请执行人申请在媒体公告的，应当垫付公告费用。综上，申请执行人申请在媒体上发布拍卖、悬赏公告的，须垫付公告费，但是法院通过互联网门户网站发布公告时，应免费。

问卷调查结果显示，深圳法院在网上发布限高、悬赏等公告时，一般不会向当事人收费，整体情况比其他地区的法院略为规范。针对深圳律师的问卷调查显示，在 1337 个代理过执行案件的调查对象中，除了 11 人拒答、1 人多选作废、2 人表示未遇到此种情况之外，有 234 人表示深圳法院在网上发布限高、悬赏等公告时从不收费，占 17.7%；48 人表示偶尔收费，占 3.6%；13 人表示均收费，占 1.0%。针对其他地区律师的问卷调查显示，在 1714 个代理过执行案件的调查对象中，除了 19 人拒答、2 人多选作废之外，有 267 人表示法院在网上发布限高、悬赏等公告时从不收费，占 15.8%，比深圳法院低近 2 个百分点；123 人表示偶有案件收费，占 7.3%，比深圳法院高 3.7 个百分点；69 人表示均收费，占 4.1%，比深圳法院高 3.1 个百分点（见图 10）。

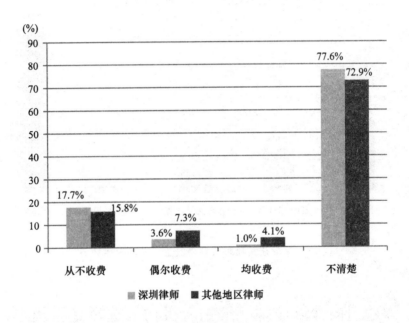

图 10　深圳律师和其他地区的律师反映网上发布限高、悬赏公告法院收费情况

2. 拍卖机构选择规范

课题组通过问卷调查了解法官认为最容易发生司法腐败的环节，结果显示，拍卖环节最容易发生司法腐败。在回收的 317 份法官问卷中，除了 4 人未作答、19 人多选作废之外，回答拍卖环节的有 67 人，占 22.8%；回答

查封扣押冻结环节的有40人，占13.6%；回答执行款交付环节的有21人，占7.1%；回答其他的有10人，占3.4%；回答不清楚的有156人，占53.1%（见图11）。

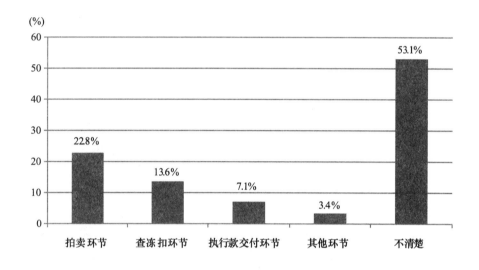

图11 深圳法官反映最容易发生腐败的执行环节

课题组向深圳律师了解拍卖机构的选择是否规范，问卷调查结果显示，无论是深圳律师还是其他地区律师，在评价当地法院选择拍卖机构是否规范时均认为比较规范。针对深圳律师的问卷调查显示，在1337个代理过执行案件的调查对象中，除了15人拒答、1人多选作废之外，有374人表示深圳法院在拍卖机构的选择方面普遍规范，占28.3%；249人表示个别不规范，占18.8%；59人表示普遍不规范，占 4.5%；639 人表示不好说，占 48.4%。针对 1933 份其他地区律师的问卷调查显示，在 1714 个代理过执行案件的调查对象中，除了 24 人拒答之外，有 487 人表示法院在拍卖机构的选择方面普遍规范，占 28.8%；357 人表示个别不规范，占 21.1%；109 人表示普遍不规范，占 6.4%；737 人表示不好说，占 43.6%（见图 12）。

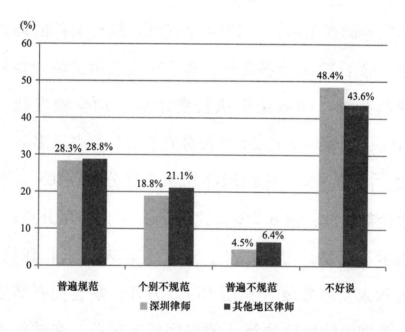

图12　深圳律师和其他地区的律师关于法院选择拍卖机构是否规范的评价

3. 款项发放情况良好

课题组通过问卷向律师了解办理执行案件过程中法院是否将划扣到的执行款（扣除法定执行费用后）全额

发放，调查结果显示，深圳法院在执行款发放方面较为规范。针对深圳律师的问卷调查显示，在1337个代理过执行案件的调查对象中，除了10人拒答、1人多选作废之外，有836人表示深圳法院将划扣到的执行款（扣除法定执行费用后）均全额发放，占63.0%；233人表示多数全额发放，占17.6%；39人表示少数全额发放，占2.9%；218人回答不清楚，占16.4%。针对其他地区律师的问卷调查显示，在1714个代理过执行案件的调查对象中，除了22人拒答之外，有729人表示法院会将划扣到的执行款（扣除法定执行费用后）均全额发放，占43.1%，比深圳低近20个百分点；455人表示多数全额发放，占26.9%，比深圳高9.3个百分点；105人表示少数全额发放，占6.2%，比深圳高3.3个百分点；401人表示不清楚，占23.7%；还有1人表示未收到钱，1人表示未及时发放（见图13）。另外，案卷抽查结果显示，深圳中院发放执行款的程序较为规范。在被抽查的发生执行款收取的97个卷宗里，有79个卷宗有执行款收取的凭据，超过80%。在84个发生执行款交付的案件中，有70个案件的案卷发现有执行款发还凭据，占83.3%，其中68份有收款人签名。

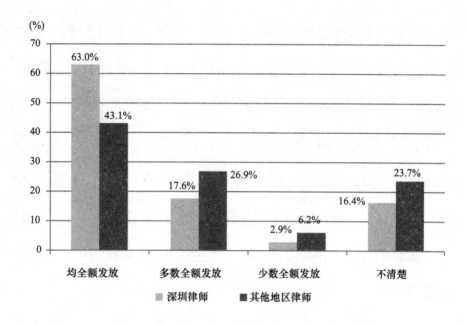

图 13　深圳律师和其他地区的律师反映执行款的发放情况

4. 执法人员廉洁自律

　　课题组通过问卷向律师了解办理执行案件过程中是否遇到执行人员"吃拿卡要"的情况。调查结果显示，深圳法院的执行人员的廉洁自律性高于其他地区。针对深圳律师的问卷调查显示，在 1337 个代理过执行案件的调查对象中，除了 9 人拒答、2 人多选作废之外，有 622 人表示从未遇到过执行人员"吃拿卡要"的情况，占 46.9%；284 人表示偶尔遇到，占 21.4%；43 人回答经常遇到，占 3.2%；376 人回答不好说，占 28.4%；还有 1 人回答执行人员拖延办理严重。针对其

他地区律师的问卷调查显示，在 1714 个代理过执行案
件的调查对象中，除了 20 人拒答、1 人多选作废之外，
有 540 人表示从未遇到过执行人员"吃拿卡要"的情
况，占 31.9%，比深圳低 15 个百分点；468 人表示偶
尔遇到，占 27.6%，比深圳高 6.2 个百分点；144 人回
答经常遇到，占 8.5%，比深圳高 5.3 个百分点；541
人回答不好说，占 32.0%，比深圳高 3.6 个百分点；
（见图 14）。

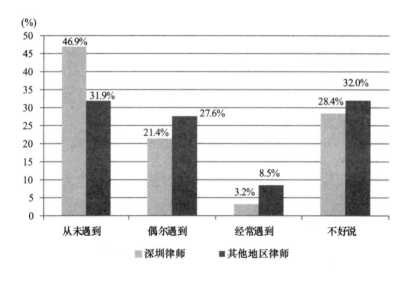

图 14   深圳律师和其他地区的律师反映遭遇执行人员"吃拿卡要"的情况

5. 执行公开率达到百分百

执行公开率是指达到执行公开标准案件数与结案总

数的比率。深圳中院的执行公开率达到 100%。基于保护当事人隐私和满足社会公众知情权的考量，深圳中院的执行案件信息是分层公开的：对于执行案件的基本信息，如执行案号、当事人、承办法官、立案时间、结案时间、案件状态等，是对社会公开的，这类信息公布在深圳法院网上，公众可随时查阅；对于案件的具体执行信息，如送达、摇珠、评估、拍卖等案件节点信息，是对当事人公开的，当事人必须登录深圳法院网上的当事人端口，才可以查询。

（五）执行效益效果双重提升

1. 执行成本大幅降低

执行集约管理系统的建立和运行，提高了执行工作效率，降低了执行工作成本。首先，人力成本下降。深圳中院执行实施工作原来由 26 人负责办理，现在仅需行动组 7 人即可集约完成。其次，办案经费下降。深圳中院执行实施工作每天需要的用车量节约了一半以上，外出办案的经费节约了约 2/3。最后，时间成本下降。集约前每位法官承办案件的待办事务只能本人依次办理，周期较长，集约后执行待办事务剥离至指挥中心同步办理。原来接到机场、口岸查控电话后，通常需要四五个小时才能接控，现在指挥中心实行 24 小时备勤制度，全天候接警出警，实现了全市范围一小时到达全覆盖。

2. 执行期限不断缩短

深圳中院依托"鹰眼查控网"和极光集约系统，大大提高了执行效率，执行花费时间不断缩短。2011—2014 年，深圳中院民商事执行案件的效率很高。从结案进度看，3 个月以内（含 3 个月）的结案进度达到 49.02%，接近一半；6 个月以内（含 6 个月）的结案进度高达 72.0%（见表6）。更值得一提的是，2011—2014 年，深圳中院的执行结案期限整体上呈缩短趋势：3 个月及以内结案的比例从 2011 年的 37.4% 上升到 2014 年的 61.6%；6 个月以内结案的比例从 2011 年的 58.3% 上升到 2014 年的 87.3%；执行结案期限超 6 个月的案件比例从 2011 年的 41.7% 下降到 2014 年的 12.7%（见图15）。全市法院人均办案数从 2012 年的 110 宗上升至 2014 年的 230 宗，人均结案数提高超过 100%。

表6　　　　　　　　2011—2014 年深圳中院民商事案件执行结案时间

结案时间	<1 个月	1 个月	2 个月	3 个月	4 个月	5 个月	6 个月	6 个月 < X < 1 年	> 1 年
案件数量（宗）	139	402	419	318	229	218	152	451	279
所占比例（%）	5.33	15.42	16.07	12.20	8.78	8.36	5.83	17.30	10.70
结案进度（%）	5.33	20.75	36.82	49.02	57.81	66.17	72.00	89.30	100.00

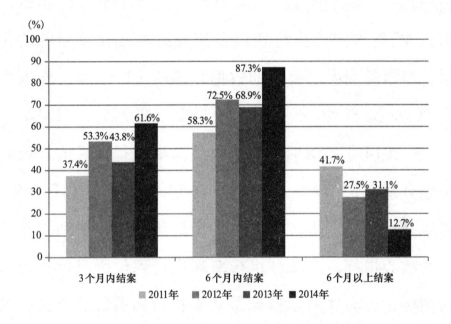

图15　2011—2014 年深圳中院不同期限执结的案件所占的比例

3. 执行完毕率逐年提升

执行效果能够通过一些客观数据反映出来，如执行完毕率、部分执行率、执行到位率等。执行完毕率是指执行完毕、和解并履行完毕、终结执行、准许撤回执行申请等案件数与结案总数的比率。根据《实施标准》，执行完毕率的目标值是40%—80%，深圳中院2012年、2013年、2014年的执行完毕率分别为34%、45%、44%，根据得分标准，得分均在10分以上，且逐年提高。"部分执行率"是指终本案件的执行标的到位率（执行到位率是指执行到位金额占执行申请标的额的比率），是终本案件执行到位金额与终本案件总标的的比率。根据深圳中院提供的数据，2012—2014年，深圳中院部分执行率分别为23.88%、8.74%、11.12%。2012—2014年，深圳中院新收民商事执行案件的执行到位率分别是53.19%、53.98%和54.98%，呈上升趋势。需要指出的是，执行完毕率是衡量法院工作量和工作效果的核心指标，而部分执行率和执行到位率只能作为参考指标，因为这两项指标是基于执行标的额计算的，其高低与案件本身的客观情况有关，不能单独用来反映法院的工作量。

另外，法院的工作量还可以通过财产处置率反映。深圳中院2011—2014年新收民商事案件中，无财产可供执行的约占42%，有财产可供执行的案件约占58%。在有财产可供执行的案件中，深圳中院按照财产形式进行处置，如扣划存款、变卖股票以及评估拍卖股权、房产和车辆等，约有95%的案件完成了财产处置，还有约5%的案件虽有财产，但无法处置，主要情形如当事人申请参与分配、未扣押到车辆、股权无法评估、房屋产权有瑕疵等。

4. 执行信访率显著下降

执行信访与当事人对执行效果的满意度密切相关。2012—2014年，深圳中院执行信访案件的收案数逐年下降，分别是581件、579件和555件，信访率逐年递减，分别是0.33%、0.21%和0.15%。2012—2014年，深圳地区赴省访案件信访率（赴省访案件信访率是指到广东省相关部门进行信访的案件数占该地区信访案件总数的比例）远低于广东省的平均值，化解率除了2013年略低于省平均值之外，2012年、2014年远高于省平均值（见表7）。从赴京信访情况看，2012—2014年深圳两级法院赴京访案件信访率（赴京访案件信访率是指到北京相关部门信访的案件数占该地区信访案件总数的比例）较低，且全部化解（见表8）。

表 7   2012—2014 年深圳赴省访案件信访率及化解率   单位：%

年度	信访率		化解率	
	深圳地区	广东省平均值	深圳地区	广东省平均值
2012	0.33	0.68	91.67	47.21
2013	0.21	0.48	90.00	97.44
2014	0.15	0.37	100	27.26

表 8   2012—2014 年深圳两级法院赴京信访情况   单位：宗、%

年度	赴京访案件数	收案数	信访率	化解情况
2012	21	50109	0.04	全部化解
2013	28	47696	0.05	全部化解
2014	6	54374	0.01	全部化解

六　深圳执行面临的问题及建议

深圳中院在执行分权集约化改革的基础上出台《实施标准》，对执行难进行科学界定，通过信息化、标准化提升执行力度，探索无财产可供执行案件的退出机制，执行效率和效果得以双重提升，并最终实现了基本解决执行难的目标。尽管如此，深圳中院的执行工作仍存在一些问题与不足，有待进一步加以完善和提升。

（一）执行惩戒措施亟须常态化

长期以来，执行的强制性不足、震慑力不够，严重制约了执行工作的顺利开展。根据法律规定，对于拒不执行判决、裁定的被执行人，人民法院可以限制其一定范围内的民事行为及情况严重时追究其刑事责任；但是，实践中司法拘留和拒执罪的适用率非常低，拒执罪甚至成为《刑法》中适用率最低的条款之一。

课题组通过问卷的形式向深圳律师了解了深圳法院采取司法拘留措施的实际情况，结果显示，拘留强制措施的采取率仍很低。针对深圳律师的问卷调查显示，在

1337 个代理过执行案件的调查对象中，除了 13 人拒答、8 人多选作废、298 人所代理的案件无相关情况之外，有 175 人回答凡是符合法定要件的，深圳法院均会采取司法拘留措施，占 17.2%；461 人回答有些应该采取的，却没有采取，占 45.3%；382 人回答很少采取，占 37.5%。针对其他律师的问卷调查显示，在 1714 个代理过执行案件的调查对象中，除了 26 人拒答、8 人多选作废、430 人所代理的案件无相关情况之外，有 189 人回答凡是符合法定要件的，其他地区的法院均会采取司法拘留措施，占 15.1%；546 人回答有些应该采取的，并没有采取，占 43.7%；514 人回答很少采取，占 41.1%（见图 16）。上述调查数据表明，司法实践中执行惩戒措施的适用率低是全国普遍性现象。

2014 年 11 月—2015 年 6 月，最高人民法院、最高人民检察院、公安部联合开展了专项行动，集中打击拒不执行法院判决、裁定等犯罪行为，在一定程度上遏制了逃避、抗拒、阻碍执行的不良现象。专项行动期间，深圳中院也强化对拒不执行判决、裁定的被执行人或相关人员采取司法拘留等惩戒措施。然而，上述活动作为专项行动，其效果是暂时的、阶段性的，要真正发挥对

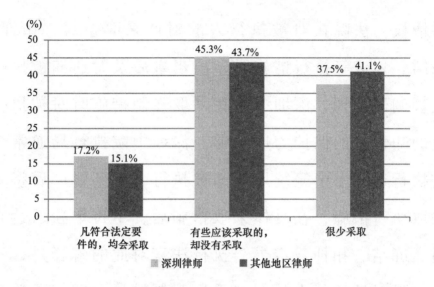

图16　深圳律师和其他地区的律师反映执行案件采取司法拘留的情况

被执行人的威慑作用，还需要建立执行惩戒的常态化机制。2015 年 7 月，为了适用打击拒不执行判决、裁定犯罪的需要，最高人民法院出台《关于审理拒不执行判决、裁定刑事案件适用法律若干问题的解释》，明确了拒执罪的自诉程序。深圳中院应该以"拒执罪"的追究机制重构为契机，加大司法拘留和拒不执行判决、裁定罪的适用力度，将短期、临时的专项行动转化为长期性、常态化的工作机制。

（二）被执行人知情权保障待强化

执行措施具有较强的对抗性，为保障被执行人的知情权，法院在对被执行人的财产采取查封、扣押、冻结、划拨等执行措施时，应当事后及时通知被执行人。调研发现，深圳中院在采取强制措施时对被执行人的知情权的保护力度不够。深圳中院执行局通常会在执行通知书中笼统地通知被执行人查到财产后将要采取执行措施，在具体采取措施后，不再单独送达查封、冻结、扣押裁定书。执行法官对此的解释是，法院一旦对被执行人的财产采取强制措施，即使不单独通知，被执行人也会及时知悉。不单独送达采取强制措施的裁定书，固然可以节约时间、提高效率，但是从尊重和保护财产所有人的知情权及确保执行程序的严肃性角度来讲，还是应该在采取强制措施之后，及时向被执行人送达相应的法律文书。当然，要保障被执行人的知情权的前提是找到被执行人。深圳中院在采取强制措施时对被执行人知情权的保障力度不够还有一个重要原因就是被执行人难找。深圳是移民城市，当事人经常更换联系方式，再加上有些当事人恶意躲避，导致法院无法联络到当事人。要保障被执行人的知情权，必须加大被执行人的查找力度。

（三）进一步完善终本结案机制

终结本次执行程序是为提升执行案件的结案率而规定的执行结案方式，虽然诉讼法没有明确规定，但是司法解释对之予以确认。2015 年 1 月，最高人民法院出台《最高人民法院关于适用〈中华人民共和国民事诉讼法〉的解释》（法释〔2015〕5 号），规定："经过财产调查未发现可供执行的财产，在申请执行人签字确认或者执行法院组成合议庭审查核实并经院长批准后，可以裁定终结本次执行程序。"深圳中院对终本案件的适用有着较高的结案标准，并适用严格程序，但是从统计数据来看，终本结案的比率仍较高。2011—2014 年，每年新收民商事执行案件中以终本程序结案的案件占当年结案数的比例均高于50%（见表9）。

表9　　深圳中院2011—2014 年新收民商事执行案件中终本案件情况　单位：宗、%

年度	结案数	终本结案数	终本案件比率
2011	519	358	69
2012	641	393	61
2013	831	425	51
2014	616	339	55

终本案件主要针对被执行人完全没有可供执行的财产、有部分可供执行的财产不能全部清偿、和解并分期履行以及被执行人财产无法处置四种情形。终本案件并非都是无财产可供执行的案件，有些终本案件是部分执行到位，但是数据显示，深圳中院绝大多数的终本案件的执行标的到位率都非常低。2011—2014 年，分别有88%、74%、78%、93% 的终本案件的执行到位率在10% 以下（见表 10）。

表 10   2011—2014 年达到某一执行到位率的终本案件数量及比率   单位：宗、%

执行到位率 历年终本案件数量	10% 以下		10%—30%		30%—50%		50% 以上	
2011 年（358 宗）	315	88	4	1	11	3	28	8
2012 年（393 宗）	289	74	14	4	21	5	69	17
2013 年（425 宗）	332	78	13	3	12	3	68	16
2014 年（339 宗）	316	93	14	4	2	1	7	2

终本案件大量存在且执行到位率普遍较低，意味着终本程序还存在进一步完善的空间。首先，法院应真正穷尽财产查控途径，因为未发现可供执行的财产和客观上没有财产可供执行还是有距离的，法院只有穷尽了所有的手段

还是无法发现被执行人的财产，才能认定属于"执行不能"。其次，应考虑赋予申请人代理律师在终本案件中的抗辩权或异议权。法院决定终本之前应书面通知申请人代理律师，申请人代理律师一旦提出抗辩，即应启动听证程序。再次，已经终本的案件，法院应建立定期或者系统自动适时"五查"机制，一旦发现财产线索则自动恢复执行。最后，完善终本案件的执行退出机制和配套机制（如执行案件困难群众救助机制）。穷尽了财产查控途径并履行严苛决定程序的终本案件，经过适当期限（建议三年）的筛查过滤，仍无财产可供执行，则可以认定为"执行不能"案件，启动执行退出机制。

（四）数据的精细化管理须提高

《实施标准》规定了实体指标量化考核基准，有些数据比较容易获取，如执行公开率、执行行为撤改率以及执行案件国家赔偿率，然而还有些数据无法准确获取乃至无法获取，如效率指标中的"法定（正常）审限内结案率"和"平均执行周期"。数据无法获取或者无法准确获取，原因在于执行案件的信息化程度不够、节点信息未录入或录入不准确。以"法定（正常）审限内结案率"为例，执行期限要扣除执行案件中公告、评估、审计、拍卖等程序需要的期限，而评估、拍卖、审计的期限没有法定要求，根据实际发生的情况而定，由于办案系统本身的缺陷，法院至今不能对案件应扣除审限进行自动扣减，因此，法院工作人员在进行信息录入时，通常会标注在法定（正常）审限内结案。要准确获取该数据，须依靠人工翻阅案件，并由法官自行记录后汇总，由于工作量过大，数据容易出现偏差，也很难核实，因此，法定（正常）审限内结案率通常都是100%。一些实体指标数据难以准确获取，反映出深圳中院的执行案件信息化还有待进一步加强，每个节点都应该真实地录入信息化系统，并建立节点之间的关联，方便准确提取所需的数据。

（五）部分实体指标的设置待调整

《实施标准》的个别实体指标的选取不太科学，还有的指标的目标值区间设置不甚合理，有待调整。

首先，"有效信访率"指标的客观性不够。《实施标准》中有一项效果指标是"信访投诉率"，该指标包括"有效信访率"和"案访比"两项。"案访比"是指涉信访案件数与同期收案数的比率，该数据较为客观，以此评判信访投诉率较为合理和科学，但是"有效信访率"指标中的"有效"，没有一个客观的评判标准，因此，该指标本身缺少客观性，应予以撤销。

其次，"部分执行率"作为效果指标的合理性值得探讨。"部分执行率"是指终本案件的到位率。目前，部分执行率是按照执行标的额计算的，是终本案件执行到位金额与终本案件总标的之比率。这个"部分执行率"的高低具有偶然性，仅能体现出法院执行的实际情况，不能体现法院的执行工作量。要体现法院的执行工作量，"部分执行率"应该以财产个数为基数，而不是以财产价值为基数。因此，可以对该项指标进行调整，以财产处置率来体现法院的工作量。

最后，"执行行为撤改率"的目标值设置不甚合理。《实施标准》将"执行行为撤改率"的目标值设为"2%—5%"，根据评分标准，执行行为撤改率为2%—3.9%即可得10分。如果每100宗案件中法院的执行行为就错两次，这属于较为严重的管理失误情况，而事实上，深圳中院近三年的执行行为没有被撤改的，因此，建议调低这项指标的目标值。

七　从深圳经验看解决执行难的顶层设计

围绕基本解决执行难的目标，深圳中院在执行制度、执行机制和执行措施上展开多种创新和尝试，积累了丰富的经验，取得了良好的司法效果和社会效果。深圳中院在执行实践中同样遭遇了全国普遍存在的意识、制度、体制和社会等各个层面的瓶颈性问题。因此，要全面解决执行难，还需要顶层设计。顶层设计要从提升意识、完善体制、精细化管理、构建完善的社会诚信体系等方面着手，并深入剖析深圳中院的创新机制，从中总结提炼出可复制、可推广的经验。

（一）提升认识，拒执对抗法律应严惩

认识是行为的先导和指引，有什么样的认识存在就会有什么样的行为。执行难之所以成为全社会关注的普遍现象和突出问题，与认识方面存在一定的偏差不无关系。

生效法律文书具有严肃性和权威性。判决裁定是国家审判机关以法律为依据并适用严谨的司法程序做出的

具有法律效力的司法文件，如果只是个别情况下得不到执行，危害还仅限于小范围，但是如果普遍得不到执行，则危害性无异于法律得不到执行。换言之，司法机关依照法律做出的裁判得不到执行，不仅降低司法公信，也损害到法律权威。从这个意义上讲，拒不执行判决裁定与违反法律是一样的，应该受到国家公器主动追究和制裁。但是在实践中，无论是执行义务人，还是法院工作人员，乃至社会公众，对执行难的危害性认识不足，认为执行难影响的是申请执行人的权益，是申请执行人因为之前的民事行为和社会活动不审慎所承担的成本和付出的代价，尚未认识到判决或裁定得不到执行挑战的是整个国家法律的权威。

正是在这种观念的支配下，执行难的情况大量存在。第一，执行义务人认为自己不履行法律文书，损害的只是申请执行人的利益乃至司法权威，没有意识到是在挑战法律权威和整个社会秩序，因此会采取各种手段隐匿和转移财产，逃避履行义务。第二，尽管法院也认为执行难的存在不仅损害申请执行人的利益，也会损害司法权威，但深层意识中还是认为裁判文书的执行是当事人之间的事情，没有认识到司法机关做出的法律文书具有国家强制力，司法机关有责任让做出的裁判文书所承载的权利义务的分配得到落实和执行，因此，有的法院在执行过程中执行力度不够，被动应付，较少积极主动采取措施。第三，有的地方政府无视法律文书的严肃性，为了地方维稳的需要牺牲个案，要求一些类型的案件暂缓或审慎执行，还有的无视社会主义法制的统一和尊严，本着地方保护主义和部门保护主义为执行工作设置障碍。第四，社会公众认为执行难损害的是当事人的权益和法院的权威，未认识到法律文书的执行与法律的执行一样关乎整个社会秩序的安定，因此面对强制执行案件不配合、不协助，也未能建立让失信被执行人无法立足的诚信体系，未能形成对失信被执行人的高压态势。

综上，要在全国层面化解执行难，前提要提高认识，无论是当事人、司法机关还是社会公众，都要充分认识到执行难的危害性。执行绝不仅仅是当事人之间的事务，执行的客体是具体化到每个个案的法律，所有的社会主体都有义务力促法律文书得到遵守和执行，维护法律的权威和社会秩序的安定。有必要明确的是，执行工作最主要的责任主体还是法院，法院应主动执行，积极采取查询和执行强制措施，借助于社会联动机制和社会诚信体系，最终实现化解执行难的目标。

（二）改革体制，确保执行机构的强制力

执行体制是政治体制的组成部分，是由现行法律构建而成的实施执行行为、调整执行活动的制度综合体。执行体制主要包括执行机构的组建、执行人员的组成、执行机构的管理体制、执行机构的上下级关系、执行权的运行（执行流程）等，核心问题是执行机构的性质与归属。

执行权指的是国家采取强制措施保证生效法律文书所确定的内容得以落实的权力。执行权是国家权力的组成部分，派生于国家统治权。在国家通过司法权确定当事人的权利义务或法律责任后，就需要借助于执行权使之化为现实。执行权是司法权的保障又是司法权的落实，具有主动性、命令性、单向性和强制性等属性。然而执行过程不单单是执行权，还需要审判权处理诸如对生效法律文书的实体性审查、案外人异议、债务人异议，以及变更、追加被执行主体等事项。关于执行事项由谁行使，各国的做法大致有三种模式：审执合一模式，即在

法院内设置执行机构，由法院的执行机构负责执行；审执分立模式，即法院专司审判，执行交给行政机关来实施，如美国的执行交给警察机关，俄罗斯的执行则由专门成立的司法警察机构来负责等；由法院和专门设置的执行人员共同负责执行模式。中国目前实行的是审执合一的模式，有学者将"执行难"的根本原因归结于这一模式，认为将民事执行机构隶属于法院内部的执行体制，存在着结构性的缺陷，应当建立独立的执行机构，实现国家执行权的统一化行使。但是，也有观点认为，执行与审判实行彻底分离也存在一定的弊端。首先，司法机关在行使审判权时不会考虑所做出裁判的后续可执行性；其次，执行过程中产生的各种审查事项属于司法权范畴，需要回到司法机关进行审查，导致效率降低。另外，执行交给行政机关，在依法行政尚未完全做到的情况下，执行的规范性更是问题。目前实务界还是普遍认同应在法院内部分离，深圳中院这种在执行局内部进行裁决权、事务权和监督权相分离的模式为国内多家执行局认可。但是，该模式也存在一定程度上的体制不畅。一方面，执行局强调上下级领导关系，突破了上下级法院的指导关系，形成审判权上的监督与被监督关系与执行权上的领导和被领导的关系并存。另一方面，执行局既受本级法院领导，又受上级法院执行局领导，容易造成执行管理体制的混乱。

在执行权何去何从问题上，课题组也调查了法官的态度，法官多倾向于在法院内部实施审判权与执行权的分离，但也有相当一部分法官支持将执行职能或者实施类的执行事项从法院剥离出去。在回收的 317 份法官问卷中，除了 2 人未作答、4 人多选作废、32 人回答不清楚之外，146 人认为应在法院内部分离（即审判案件与执行案件由法院不同部门办理），占 52.3%；71 人认为应将执行职能从法院剥离，由其他政府部门负责，占 25.4%；61 人认为应将执行案件中涉及实施类的事项剥离给其他政府部门办理，占 21.9%（见图 17）；还有 1 人表示应当将一部分程序性事务交由律师办理，明确当事人、代理人和法院在工作上的分工和职责。之所以有相当比例的法官认为应该从法院分离出去，是因为他们更多从专注于审判活动、提升司法公信力的角度愿意让执行分出去，执行分出去之后，法院的工作更单纯，不需继续为执行难背书。

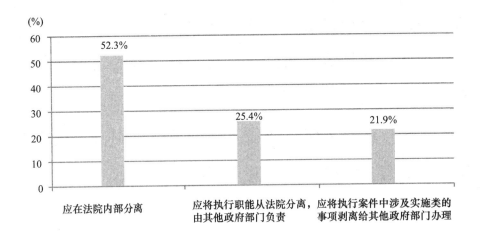

图 17   深圳法官关于审判权与执行权分离的看法

党的十八届四中全会提出，优化司法职权配置，推动实行审判权和执行权相分离的体制改革试点工作。2015 年上半年，最高人民法院先后批准浙江、广西、河北等地审执分离体制改革试点方案，同意各地分别在执行警务化、设立专门执行裁判庭、强化执行实施机构上下级领导关系等方面开展深化内部分离试点工作。为贯彻落实党的十八届四中全会精神，深圳中院制定了进一步深化执行权运行机制改革的方案，在法院内部先行审判权和执行权相分离的改革探索工作，为在全国范围内实施审判权和执行权相分离的体制改革提供试点经验和实操案例。新的改革方案对现行的执行局进行重组，成立深圳法院强制执行局，由执行员、司法警察及其他司法辅助人员构成，统一办理两级法院的执行事务事项，将执行审查权和实施权中的决定权剥离出去，由新成立的执行裁决庭和执行决定庭行使，对执行员进行单序列管理。新的改革方案既贯彻了审判权与执行权相分离的原则，又保证上下级法院执行事项行使的统一性，且照顾到决定权与实施权在法院内部的协调，不失为一种较为周全稳妥的执行体制模式。

（三）确立标准，实现执行权运行规范化

近年来，最高人民法院非常重视法院工作标准化，明确指出推进法院标准化建设是一项打基础、利长远的工作，对于完善审判权运行机制、破解审判工作中的难题、统一司法裁判标准、提升司法能力和司法公信力，都具有积极的促进作用。

深圳中院在反复研究论证、结合深圳实际予以改革创新的基础上建立的《实施标准》，填补了解决执行难工作具体标准的空白，推动和规范了执行工作。深圳中院的《实施标准》，特别是程序标准，经过实践的检验，是科学可行的，值得复制和推广，最高人民法院应分析其确立为全国执行行业的行业标准的可能性。确立执行

行业标准有四方面的优势。第一，执行行业标准，能够对执行进行准确定位和分类，确立执行难的范围。第二，执行行业标准能够有效规范执行人员的执行行为，压缩自由裁量权的空间并规范其行使。第三，执行行业标准能够最大限度挖掘法院的执行资源，提升法院的执行力度。第四，执行行业标准为社会客观评价法院的执行工作提供了衡量尺度。

（四）推动立法，探索建立个人破产制度

赖账躲债等非诚信现象的广泛存在，与我国破产法制不够健全、存在盲区有一定的关系。目前，我国破产制度实行的是商法人破产主义，破产法的适用范围较窄，仅适用于具有企业性质的法人组织，不适用于不具有法人资格的合伙企业和个人。在执行案件中，被执行人是自然人的占很大的比例，从深圳法院的执行数据看，被执行人是自然人、法人、非法人组织的比例为12:10:1。个人破产制度的缺失导致大量的执行案件既执行不了，也无退出机制。深圳市律师协会向深圳市人大常委会提出了在深圳率先制定个人破产制度的立法建议函，指出构建个人破产制度的时机已然成熟。随着不

动产登记制度的推出，以及个人征信系统的不断完善，个人破产登记制度不再成为个人破产立法的障碍。

（五）互联网＋，完善执行联动机制

破解执行难是一项系统工程，执行工作的顺利进行，除了法院执行机构积极采取执行措施之外，还离不开负有协助义务的单位、部门的积极配合。执行人难找、财产难查是执行难的主要表现形式，造成执行难的一个重要的社会原因是社会联动机制不健全。虽然，从中央到地方，不同级别的法院都在积极与公安、国土、房管、工商、银行等相关社会职能部门、机构组织合作，谋求建立执行联动机制，但是仍停留于文件、会议纪要等形式，缺乏常态化、刚性的制度约束。联动机制的启动、运行缺乏硬性程序规定，随意性较大，协助单位为了部门利益、地方利益时有拖延，甚至存在提供虚假信息、通风报信等现象。未来执行联动机制的完善必须依靠全国人大及其常委会、最高人民法院在全国层面进行顶层制度设计，将诉讼法关于联动单位的法定义务具体落实到制度中，不断拓展联动的范围和深度，使执行联动机制覆盖更多的职能部门和更新型的财产性收入。

执行联动机制的完善必须借助于信息化手段。执行联动机制信息化的实质是建立执行查控信息化平台。2014年4月，最高人民法院下发了《最高人民法院关于执行指挥系统建设的指导意见》，完成了全国法院建设执行查控信息化平台的顶层设计，即以最高人民法院执行查控信息化平台为主体，以各高级法院等地方法院的执行查控信息化平台为补充，使各级法院在全国范围内，通过网络技术手段连接执行协助联动单位，查控被执行人及其财产。最高人民法院对执行查控系统提出查控全面化、一体化、集约化、自动化的要求。深圳中院通过"鹰眼查控网"和极光集约系统实现了执行查控的全面化、一体化、集约化和自动化。"鹰眼查控网"的建立和不断完善为"互联网＋"时代的执行提供了一个范本。2015年，最高人民法院提出建设人民法院信息化3.0版。执行信息化是法院信息化的重要组成部分，全国执行信息化建设应该在借鉴深圳"鹰眼查控网"和极光集约系统经验的基础上，推动数据信息的互联互通和共性的查控工作集约化，建立全国法院执行案件信息管理系统和执行大数据，实现信息化与执行工作的深度融合。

（六）畅通渠道，发挥律师的专业作用

律师作为司法权的平衡力量，在基本解决执行难中有着不可替代的独特地位和作用。《实施标准》及相关制度较注重法院的权力配置，对律师在执行中的作用不够重视，相关机制缺失。事实上，要基本解决执行难仅仅靠法院的力量是不够的，律师应当发挥更大的作用。

应从以下四个方面强化律师及律师协会在基本解决执行难中的作用。一是在基本解决执行难的设计中赋予律师一些程序性的权利，例如向律师签发调查令，由律师代行财产线索的调查权，委托律师送达执行文件等，并对妨碍律师代行使执行权的行为进行严肃处理。二是在执行过程中要确认和保障执行案件代理律师的知情权，运用信息技术确保执行案件代理律师与执行案件承办人能够保持正常的工作联系，从根本上解决执行法官"人难见""话难通"的问题。三是在执行局与律师协会层面建立常态的执行工作联系，及时解决律师及法院在执行工作中遇到的普遍性问题，及时总结经验，从而促进人民法院执行工作的改进。四是在巩固和完善律师协会

参与执行工作评估的成果基础上，积极探索律师协会作为第三方评估法院专项工作的有效途径，共同推进法律职业共同体的发展和建设。

结　　论

通过前述对深圳中院相关执行制度的分析、对法官和律师等群体的问卷调查、对相关案卷的评查、对相关人员的座谈访谈等，结合深圳中院提供的深圳两级法院的执行数据，课题组对深圳中院在解决执行难问题上所做的努力已经有了一个较为清晰的认知。

《实施标准》由程序指标和实体指标组成，程序指标为深圳执行工作确立了流程性标准，实体指标则侧重于对执行结果的衡量。实体指标包括公正、效率和效果三个方面，符合执行工作的本质特征、核心价值和终极目标。虽然在指标设置、目标值设定等个别地方存在尚待完善和修订的地方，但《实施标准》将繁杂的执行工作流程进行了详细梳理，抓住执行工作的关键性节点，并按照工作性质进行了分类分层，初步建立了执行案件办理的标准化流程架构。

《实施标准》在理论上具有创新性和科学性。《实施标准》首次提出了"法律意义上的执行难"和"社会意义上的执行难"的概念，并根据执行工作特点，对社会上普遍认为的执行难案件进行了标准化区分：法院通过信息查控系统、协助执行体系和信用惩戒体系，穷尽执行措施，对被执行人及其财产进行查询、控制、处置，使有财产可供处置的执行案件得到全部处置，无财产可供执行或虽有财产但无法处置的执行案件则予以终结本次执行程序。从《实施标准》行文的本身来看，对于是否实现基本解决执行难目标，《实施标准》不仅从程序规范的角度确立了评判标准，还将执行行为撤改率、国家赔偿率、平均执行周期、执行措施采取率、执行完毕率、信访投诉率等客观数据确立为实体性指标，用于评判执行工作是否公正及其效率和效果，在这一过程中，《实施标准》实际上是结合工作情况，为执行工作提供了一个"范本"，一个可资遵循的"标准"，具有其内在的科学性和进步意义。

《实施标准》的效果也令人瞩目。深圳中院自2011年以来围绕"基本解决执行难"目标开展的执行工作：大幅提升执行强制措施的适用力度，有效保障申请人知情权；突出执行强制性，树立司法权威；通过"鹰眼查控网"和极光集约系统，加大信息化建设，大幅提升执行质效；通过流程再造和执行公开网，推进规范化建设，促进执行公正；通过严格规定终本案件结案程序，保证终本案件的恢复执行程序畅通。

在深圳市委的领导和市政府的支持下，深圳中院围绕《实施标准》的各项要求，内部科学分权，确保了执行权良性运作；外部多方联动，建立了集约化、一体化的查控财产、人员的网络平台；通过完善执行程序，实现了执行流程管理的制度化、标准化。

在多方合力的基础上，深圳中院的执行工作进入了有序的良性发展态势：对于被执行人名下经查证无财产的案件，在对被执行人采取列入失信被执行人名单库、限制出境、限制高消费、纳入征信系统等信用惩戒措施后，裁定终结本次执行程序，同时保证为终本案件留足"回路"，一旦发现可供执行财产可立即恢复执行；对于被执行人名下有财产的案件，深圳中院依法进行处置，处置完毕后将执行款项及时划付申请执行人。数据显示，新收民商事执行案件中，6 个月内结案的案件从 2012 年的 72.5% 上升至 2014 年的 87.3%，上升了 14.8 个百分点；人均办案数从 2012 年的 110 宗上升至 2014 年的 230 宗，人均结案数提高超过 100%；执行到位率从 2012 年的 53.19% 上升到 2014 年的 54.98%，上升了 1.79 个百分点；信访投诉率（案访比）从 2012 年的 0.33% 下降到 2014 年的 0.15%，下降了 0.18 个百分点。而根据《实施标准》所设定的单项指标来评价，深圳中院的各项执行工作的平均得分也均在参考目标值范围内。

正是基于此，可以说，深圳中院《实施标准》在区分执行难与执行不能的基础上，以标准化作为解决执行难的路径，是科学可行的，已实现了"基本解决执行难"的既定目标。《实施标准》经过完善之后，对其他地区破解执行难有重要的参考和推广价值，有待在顶层设计时上升为执行行业标准，在全国层面适用。

破解执行难是一项系统工程，一方面要提升认识，将拒不执行司法裁判上升为对抗法律的高度，在社会上形成尊重司法、尊重法律的氛围；另一方面还要对执行权的本质属性进行深入分析和定位，充分权衡利弊得失，构建科学合理的执行体制，并依托信息化建立有效的执行联动机制和完善的社会征信体系。总之，执行难问题从基本解决到彻底解决，从法律范畴的解决到社会范畴的解决，从深圳一隅的解决到全国范围内的解决还有很长的路要走，而深圳法院则一直在路上，通过不断实践与探索，为最终解决执行难积累宝贵经验，从而提升司法权威和司法公信力，建设一个尊重权利、崇尚法律、信仰法治的社会。

附件一　深圳市中级人民法院关于基本解决执行难问题的实施标准（试行）

（2014 年 8 月 14 日经第 21 次审判委员会通过）

为实现"深圳基本解决执行难问题"的目标，科学评价深圳法院执行案件办理水平，准确评估执行难问题解决情况，根据十八届三中全会关于司法改革的精神，按照最高人民法院《关于切实践行司法为民大力加强公正司法不断提高司法公信力的若干意见》、广东省高级人民法院《关于进一步破解"执行难"的若干工作的意见》，结合"深圳市加快建设一流法治城市工作会议"的要求，制定本实施标准。

第一章　总体要求

（一）本实施标准的任务，是保护当事人的合法权益，让当事人在执行案件的每一个阶段感受到公平正义；规范深圳法院执行案件办理程序，保障深圳法院基本解决执行难问题的实现。

（二）本实施标准以《中华人民共和国民事诉讼法》

评估；处分财产首选拍卖方式。

（十二）执行监督的主要流程为：对执行异议、案外人异议的处理；重大敏感案件的执行听证。

（十三）结案的主要流程为：执行款划付；结案文书的制作；终结本次执行程序案件查证结果通知书的制发。

（十四）执行退出机制的主要流程为：被执行人为企业法人的，引导申请执行人或者其他债权人提出破产清算申请，或者依职权移送破产；被执行人为自然人的，限制其基本生活之外的高消费。

第三章　实体指标

（十五）公正与效率是正义的两个维度，执行案件的办理要兼顾法律效果、社会效果和政治效果，故基本解决执行难问题的实体指标设定为公正指标、效率指标、效果指标。

（十六）实体指标量化考核，按照各具体指标总和得分计算，总分为 70—80 分的，达标；为 80—90 分的，良好；超过 90 分的，优秀；低于 70 分的，不达标。

（十七）实体指标中所指结案总数是指执行完毕、和解并履行完毕、终结执行、准许撤回执行申请、驳回强制执行申请、终结本次执行程序等方式结案的案件总数。

（十八）公正指标包括执行公开率、执行行为撤改率、国家赔偿率三项。

（十九）效率指标包括法定（正常）审限内结案率、平均执行周期、执行措施采取率三项。

（二十）效果指标包括执行完毕率、部分执行率、信访投诉率三项。

第四章　贯彻要求

（二十一）全市法院要加强组织领导，增强责任感，充分认识解决执行难的重大意义。

（二十二）程序规范是执行案件办理的基本流程要求，全市法院新收民商事案件的办理，应当遵循。

实体指标是综合认定基本解决执行难的量化指标，全市法院要将其作为基本解决执行难的具体目标。

（二十三）全市法院要结合本院实际情况，制定实施细则，抓好贯彻落实。

（二十四）公开实施标准，保障当事人的知情权，接受当事人、社会各界的监督。

（二十五）市中院执行局按年度对全市法院基本解决

执行难达标情况进行评估，评估结果予以公布。

（二十六）本实施标准由深圳市中级人民法院审判委员会负责解释。

（二十七）本实施标准自颁布之日起试行。

深圳市中级人民法院
关于基本解决执行难的程序规范

第一章　执行准备

第一条　执行案件立案时，应当要求申请执行人填写诉讼文书送达地址确认书，并提供被执行人的电话、地址及相关财产线索。

第二条　执行案件立案后，应当在信用征信系统录入被执行人的信息，包括被执行人姓名或者名称、法定代表人或者负责人的姓名及其他案件信息。

第三条　执行法官接收案件后，应当向被执行人发出执行通知书、财产申报裁定书并可以立即采取强制执行措施。

第四条　执行法官可以询问被执行人有无主动履行或者和解的意向。

第五条　法院可以根据申请执行人的申请悬赏执行，悬赏公告费由申请执行人垫付。

第六条　执行法官对被执行人及其财产进行查询、控制、对被执行人财产进行处分、执行款的划拨、执行法律文书的送达等执行措施应当录入执行日志。

第七条　法院应当对执行案件信息进行公开，包括当事人名称、案号、立案日期、执行法官及书记员姓名、联系电话、采取执行措施信息、采取强制措施信息、执行财产处置信息、债权分配和执行款收付信息、执行程序变更信息、执行和解情况、执行结案信息、听证公告、悬赏公告、拍卖公告等信息。

第二章　财产及人员查控

第八条　执行法官应当在收案之日起三个工作日内通过深圳法院"鹰眼查控网"对被执行人名下存款、不动产、车辆、证券和股权投资等财产状况进行查询。

第九条　执行法官可以通过深圳法院"鹰眼查控网"对被执行人的住房公积金、社保登记、托管股权、港航货运信息等财产信息进行查询。

第十条　对被执行人可供执行的财产，执行法官应当采取控制性措施。

第十一条　查封、扣押、冻结被执行人财产的，应当向协助执行人送达执行裁定书和协助执行通知书。

对被查封、扣押财产张贴封条或者公告的，应当制作查封、扣押清单和查封、扣押笔录。

第十二条　对被执行人的财产采取查封、扣押、冻结措施的，应当将查封、扣押、冻结的情况及期限书面告知申请执行人和被执行人。

申请执行人申请延长续行查封、扣押、冻结期限的，应当在期限届满前二十日提出书面申请。

第十三条　法院可以根据申请执行人的申请或者依职权通过深圳法院"鹰眼查控网"请求协助执行人查询被执行人的下列信息：

（一）居住证件信息；

（二）常住人口信息；

（三）租房信息；

（四）边境证件信息；

（五）出入境记录；

（六）狱政信息；

（七）通信记录；

（八）酒店住宿信息；

（九）乘机记录；

（十）法定代表人身份信息；

（十一）其他可以查询的信息。

第三章 财产处分

第十四条 申请执行人主张对被执行人财产进行处分的，应当提出申请。

第十五条 法院必须对被执行人财产采取控制性措施后才能进行处分。

第十六条 执行法官应当对拟处分财产的权属状况、占有使用、抵押、查封等情况进行调查。

第十七条 对被执行人财产进行处分的，法院一般应当委托评估机构对拟处分财产进行评估。

第十八条 法院向申请执行人、被执行人或者其他利害关系人发送评估报告后，申请执行人、被执行人或者其他利害关系人对评估报告有异议的，可以在收到评估报告之日起十日内以书面形式提出异议。

第十九条 对已采取控制性措施的财产进行变价处理时，应当首先采取拍卖的方式，法律、司法解释另有规定的除外。

第四章   执行监督

第二十条   上级法院可以根据申请执行人、被执行人或者利害关系人的申请对下级法院的案件执行进行执行监督，也可以依职权进行执行监督。

第二十一条   执行过程中，申请执行人、被执行人或者利害关系人认为执行行为违反法律规定的，可以依照民事诉讼法第二百二十五条的规定，向法院提出书面异议，法院应当依法处理。

第二十二条   执行过程中，案外人根据民事诉讼法第二百二十七条的规定对执行标的提出书面异议的，法院应当依法处理。

第二十三条   对于重大信访、涉及维稳等案件，执行法官应当组织申请执行人、被执行人及利害关系人进行执行听证。根据案情，可以邀请人大代表、政协委员等见证执行。

第五章   结案

第二十四条   执行款到账或者其他标的物执行到位

后，应当在一个月内将相关款项或者标的物给付申请执行人。

第二十五条　生效法律文书确定的给付义务履行完毕，法院应当制作结案文书并送达申请执行人和被执行人。

第二十六条　经"五查"，未发现被执行人有可供执行财产，或者可供执行财产执行完毕后，申请执行人债权无法全部实现的，法院应当向申请执行人发出查证结果通知书。

第二十七条　查证结果通知书应当告知申请执行人下列内容：

（一）对被执行人财产进行查证、处置的过程和结果；

（二）在指定的期限内提供被执行人可供执行的财产或财产线索；

（三）可以申请法院对被执行人或者其主要负责人、直接责任人采取限制出境、限制高消费等措施；

（四）其他必要事项。

第二十八条　送达查证结果通知书后，申请执行人在指定期限内未能提供被执行人可供执行财产或财产线索的，法院可以依法裁定终结本次执行程序。

申请执行人在指定期限内申请对被执行人或者其主要负责人、直接责任人采取限制出境、限制高消费等措施的，在采取前述措施后，法院可以依法终结本次执行程序。

第二十九条　根据本规范第二十八条的规定终结本次执行程序的案件，法院可以依职权曝光被执行人或者其主要负责人、直接责任人的信息，并采取限制出境、限制高消费等措施。

第三十条　被执行人为法人或者其他组织的终结本次执行程序的执行案件，法院应当对被执行人的商事登记事项作变更限制。

前款规定的商事登记事项包括但不限于：名称、住所地或者经营场所、类型、负责人、出资总额、营业期限、投资人姓名或者名称及其出资额。

第三十一条　被执行人拒不履行生效法律文书确定的义务的，应当依照《最高人民法院关于公布失信被执行人名单信息的若干规定》将其纳入失信被执行人名单，依法对其进行信用惩戒。

第三十二条　被执行人有民事诉讼法第一百一十一

条、第二百四十一条规定的行为之一的，法院可以根据情节轻重对被执行人或者其主要负责人、直接责任人予以罚款、拘留；构成犯罪的，依法追究刑事责任。

第三十三条　刑事附带民事赔偿纠纷执行案件应当一并采取下列执行措施：

（一）对被执行人的财产进行"五查"；

（二）委托被执行人户籍地法院调查被执行人财产；

（三）委托被执行人服刑场所调查被执行人财产；

（四）其他必要的执行措施。

被执行人已刑满释放或者被判处缓刑的，法院除一并采取前款第（一）、（二）项措施外，还应当根据申请执行人的申请或者依职权对被执行人采取限制出境、限制高消费等措施。

刑事附带民事赔偿纠纷执行案件中，申请执行人的债权未能得到足额清偿的，法院可以提供司法救助。

第三十四条　在执行过程中，申请执行人和被执行人自行达成和解协议且尚未履行完毕的，执行和解协议可以在法院备案，法院可以据此终结本次执行程序。

第三十五条　对于终结本次执行程序的执行案件，申请执行人发现被执行人有可供执行的财产或者财产线索的，可以向法院申请恢复执行；法院也可以依职权恢复执行。

第三十六条　符合民事诉讼法第二百五十六条规定情形之一的，法院应当依法裁定终结本次执行程序。

第三十七条　符合民事诉讼法第二百五十七条规定情形之一的，法院应当依法裁定终结执行程序。

第六章　执行案件退出机制

第三十八条　经"五查"未发现被执行人有可供执行财产，或者查控财产被依法处置后无其他可供执行财产的案件，为执行不能案件。

第三十九条　对执行不能案件，法院依照申请执行人的申请或者依职权试行执行案件退出机制。

第四十条　执行不能案件的被执行人为企业法人的，法院可引导申请执行人或者其他债权人提出破产清算申请。申请执行人或者其他债权人拒不提出破产申请的，法院可以依职权移送破产。

法院移送破产的相关事项，另行规定。

在破产清算案件受理前，法院可以根据申请执行人的申请限制被执行人及其法定代表人、主要负责人、影响债务履行的直接责任人以企业法人的财产进行高消费。

执行不能案件的被执行人为自然人的，可以引导申请执行人申请限制其高消费。

第四十一条　被执行人为自然人的，被限制高消费后，不得有以下以其财产支付费用的行为：

（一）乘坐交通工具时，选择飞机、列车软卧、高铁、动车、轮船二等以上舱位；

（二）在星级以上宾馆、酒店、夜总会、高尔夫球场等场所进行高消费；

（三）购买不动产或者新建、扩建、高档装修房屋；

（四）租赁高档写字楼、宾馆、公寓等场所办公；

（五）购买非经营必需车辆；

（六）旅游、度假；

（七）子女就读高收费私立学校；

（八）支付高额保费购买保险理财产品；

（九）其他非生活和工作必需的高消费行为。

被执行人为单位的，被限制高消费后，禁止被执行人及其法定代表人、主要负责人、影响债务履行的直接责任人以单位财产实施本条第一款规定的行为。

第四十二条　法院决定限制高消费的，应当向被执行人发出限制高消费令。

限制高消费令可以向被执行人住所地、经常居住地居委会及其单位等送达，也可以在前述地址相关媒体上进行公告。公告费用由被执行人负担。申请执行人申请在媒体公告的，应当垫付公告费用。

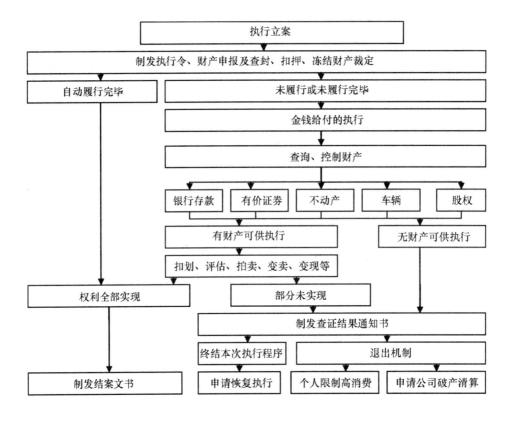

附图1　深圳市中级人民法院基本解决执行难问题程序规范

深圳市中级人民法院
关于基本解决执行难的实体指标

第一章　公正指标

第一条　公正指标由执行公开率、执行行为撤改率、国家赔偿率三项具体指标组成。

第二条　执行公开率是指达到执行公开标准的执行案件数与执行案件结案总数的比率。

第三条　执行公开率中所指公开方式主要为录入执行日志、纳入信用征信系统、执行法律文书上网等。

第四条　执行信息公开标准由执行监督部门根据《广东法院推进司法公开三大平台建设的工作方案》等文件的相关规定予以认定。

第五条　执行行为撤改率是指执行行为被撤销、改正或者被责令做出执行行为的案件数与执行案件结案总数的比率。

第六条　执行监督部门负责统计提供执行行为被撤销、改正或者被责令做出执行行为的案件数量。

第七条　国家赔偿率是指因执行而导致国家赔偿的案件数与执行案件结案总数的比率。

第八条   国家赔偿案件数以国家赔偿委员会认定的数据为准，相关数据由执行监督部门负责统计提供。

第二章   效率指标

第九条   效率指标由法定（正常）审限内结案率、平均执行周期、执行措施采取率三项具体指标组成。

第十条   法定（正常）审限内结案率是指法定（正常）审限内结案数与执行案件结案总数的比率。

第十一条   法定（正常）审限为六个月。

第十二条   平均结案周期是指已结案件执行总天数与结案总数的比率。

第十三条   法定（正常）审限和平均结案周期不包括公告、评估、审计、拍卖等期间。

第十四条   执行措施采取率是指终本案件执行措施采取总数与终本案件总数的比率。

第十五条   执行措施是指《深圳市中级人民法院关于基本解决执行难问题的程序规范》第五条、第八条、第九条、第十一条、第十二条、第十三条、第二十三条、第二十六条、第二十八条、第二十九条、第三十条、第三十一条、第三十二条、第三十三条等规定的执行措施，包括但不限于：（1）"五查"；（2）查询被执行人居住证件信息、常住人口信息、租房信息、边境证件信息、出入境记录、狱政信息、通信记录、酒店住宿信息、乘机记录、法定代表人身份信息等；（3）查询被执行人住房公积金、社保登记、托管股权、港行货运信息等；（4）制发查证结果通知书；（5）限制出境；（6）机场布控；（7）限制高消费；（8）限制商事登记事项变更；（9）纳入失信被执行人名单；（10）委托被执行人户籍地法院调查被执行人财产；（11）委托被执行人服刑场所调查被执行人财产；（12）司法救助；（13）悬赏执行；（14）罚款；（15）拘留；（16）追究刑事责任。

第十六条　终本案件是指终结本次执行程序的执行案件，包括因无财产可供执行、根据《深圳市中级人民法院关于基本解决执行难问题的程序规范》第三十三条规定、申请执行人和被执行人和解等而终结本次执行的案件。

第三章　效果指标

第十七条　效果指标由执行完毕率、部分执行率、信访投诉率三个具体指标组成。

第十八条 执行完毕率是指执行完毕、和解并履行完毕、终结执行、准许撤回执行申请等案件数与结案总数的比率。

第十九条 执行完毕、和解并履行完毕、终结执行、准许撤回执行申请的执行案件以制发相应的执行裁定书为结案统计标准。

第二十条 部分执行率是指终结本次执行程序案件的执行到位金额与终结本次执行程序案件总标的的比率。

第二十一条 信访投诉率包括有效信访投诉率和案访比两项指标。

有效信访投诉率是指有效信访案件数与结案总数的比率。

案访比是指涉信访案件数与同期收案数的比率。

第二十二条 有效信访由执行监督部门依法认定。

第二十三条 有效信访案件数和涉信访案件数由执行监督部门负责统计提供。

附表 1　　　　深圳市中级人民法院基本解决执行难问题实体指标

衡量指标	具体指标项	方向	目标值	核算公式	得分标准
公正指标	执行公开率	+	95%—100%	达到执行公开标准案件数÷结案总数	10 分，95%—97.99% 得 8 分；98%—100% 得 10 分；低于 95% 的，每低 1 个百分点扣 1 分
	执行行为撤改率	−	2%—5%	执行行为撤改案件数÷结案总数	10 分，2%—3.99% 得 10 分；4%—5% 得 8 分；低于 2% 的，每低 1 个百分点加 1 分；高于 5% 的，每高 1 个百分点扣 1 分
	国家赔偿率	−	0—0.1‰	赔偿案件数÷结案总数	10 分，0—0.059‰ 得 10 分；0.06‰—0.1‰得 8 分；高于 0.1‰的，每高 0.1 个千分点扣 1 分
效率指标	法定（正常）审限内结案率	+	85%—95%	法定（正常）审限内结案数÷结案总数	10 分，85%—90.99% 得 8 分；91%—95% 得 10 分；低于 85% 的，每低 1 个百分点扣 1 分；高于 95% 的，每高 1 个百分点加 1 分
	平均执行周期	−	90—180 日	已结案件执行总天数÷结案总数	10 分，90—120 日得 10 分；121—150 日得 8 分；151—180 日得 6 分；低于 90 日的，每低 1 日加 2 分；高于 180 日的，每高 3 日扣 1 分
	执行措施采取率	+	3—10 项	终本案件执行措施采取总数÷终本案件总数	15 分，采取 3—5 项得 6 分；采取 6—8 项得 8 分；采取 9—10 项得 10 分；超过 10 项，每多采取 1 项，加 2 分
效果指标	执行完毕率	+	40%—80%	执行完毕、和解并履行完毕、终结执行、准许撤回执行申请等案件数÷结案总数	13 分，40%—60.99% 得 10 分；61%—80% 得 13 分；低于 40% 的，每低 1 个百分点扣 0.5 分；高于 80% 的，每高 1 个百分点，加 2 分
	部分执行率	+	20%—80%	终本案件执行到位金额÷终本案件总标的	12 分，20%—40.99% 得 8 分；41%—60.99% 得 10 分，61%—80% 得 12 分；低于 20% 的，每低 1 个百分点扣 1 分；高于 80% 的，每高 1 个百分点，加 2 分
	信访投诉率	−	0—0.45%	有效信访率：有效信访案件数÷结案总数；案访比：涉信访案件数÷收案数	10 分，有效信访投诉率占 6 分，0—0.1% 得 6 分；0.11%—0.2% 得 5 分；高于 0.2% 的，每高 0.1 个百分点扣 1 分案访比占 4 分，0—0.259% 得 4 分；0.26%—0.45% 得 3 分；高于 0.45% 的，每高 0.1 个百分点，扣 1 分

附件二　法官问卷

A1. 您的学历：

1. 专科及以下　　　　　　　　2. 本科及同等学力

3. 硕士及同等学力　　　　　　4. 博士及同等学力

A2. 您的年龄：_____周岁

A3. 您的性别：1. 男　2. 女

A4. 您所在的法院：1. 中级法院　2. 基层法院

A5. 您的法官级别：_____

A6. 您的职务（如无职务，请注明"无"）：_____

B1. 您是否办理过执行案件：

1. 办理过　　　　　　　　2. 未办理过

B2. 您认为造成执行难的原因在于：

1. 法院　　　　　　2. 当事人　　　　3. 制度不明确

4. 信用配套体系不够健全　　5. 以上几点都有　　6. 不清楚

B3. 法院是否应该主动执行：

1. 应该　　　　　　　　2. 不应该　　　　　　3. 不清楚

B4. 深圳两级法院在执行方面：

1. 称职　　　2. 基本称职　　　3. 不称职　　　4. 不清楚

B5. 执行过程中哪个环节最容易发生司法腐败情形：

1. 拍卖环节　　　2. 执行款交付环节　　　3. 查封扣押冻结环节

4. 其他（请注明）＿＿＿＿＿＿＿＿＿＿　　　5. 不清楚

B6. 您认为现有的执行考评机制：

1. 没有必要　　　　　　　2. 有必要且现行考核合理

3. 有必要，但考核不合理（请详细列明＿＿＿＿＿）　4. 不清楚

B7. 您如何看待审判权与执行权相分离的问题：

1. 应在法院内部分离（即审判案件与执行案件由法院不同部门办理）

2. 应将执行职能从法院剥离，由其他政府部门负责

3. 应将执行案件中涉及实施类的事项剥离给其他政府部门办理

4. 不清楚

B8. 您认为现有的执行法律法规：

1. 可以满足执行需要

2. 不能满足执行需要

3. 不清楚

B9. 您认为终结本次执行程序作为结案方式：

1. 于法无据

2. 有合理性，但应穷尽执行措施

3. 不清楚

B10. 实践中法院采取罚款、拘留等制裁措施对于解决执行难是否有效：

1. 有效　　　　　　　2. 一般

3. 无效　　　　　　　4. 不清楚

C1. 请列举您认为本地法院目前所采取的最有效解决执行难的措施？

答：

C2. 您认为"拒执罪"适用较少的原因是什么?

答:

C3. 您认为法院要解决执行难还应该采取什么样的措施?

答:

附件三　深圳律师问卷

A1. 您的学历：

1. 专科及以下　　　　　　2. 本科及同等学力

3. 硕士及同等学力　　　　4. 博士及同等学力

A2. 您的年龄：_____周岁

A3. 您从事执业律师的年限：_____年

A4. 您从事的律师业务主要是：

1. 诉讼　　　　2. 非诉讼　　　　3. 诉讼与非诉讼比例相当

A5. 您代理的案件类型主要是：

1. 涉外案件　　　2. 境内案件　　　3. 两类案件均有

A6. 您代理的当事人主要是：

1. 大型企业　　2. 中小企业　　3. 个人　　4. 前三类当事人均有

B1. 您自2013年以来代理的执行案件的数量约有_____件，其中本地执行案件约有_____件，外地执行案件约有_____件。

B2. 您所代理的案件是否存在执行难问题？

1. 存在　　2. 不存在　　3. 部分存在　　4. 未代理过

B3. 根据您代理执行案件的经验，按顺序列举执行最不规范的三个省（市）：

1. _____　2. _____　3. _____　4. 不好说 5. 未代理过

B4. 经过法院向相关职能部门查询后，被执行人名下无可供执行财产，您认为将这种情况视为执行不能，属于债权人应当自行承担的商业风险，而不是法律意义上的执行难，是否合理？

1. 合理　　　　　2. 不合理

B5. 请评价近两年深圳市法院的执行行为：

1. 好于外地　　　2. 跟外地差不多

3. 外地有的更好（请列明＿＿＿＿＿）

4. 不好说　　　　5. 未代理过

B6. 您近两年代理本地执行案件时，递交执行申请后，法院告知准予或不准予立案的情况：

1. 均告知　　　　2. 多数告知　　　　3. 少数告知

4. 从未告知　　　5. 未代理过

B7. 您近两年代理本地执行案件时，申请执行人（或代理人）是否收到法院对被执行人财产查询结果的通知：

1. 均收到　　　　2. 多数收到　　　　3. 少数收到

4. 从未收到　　　5. 未代理过

B8. 您近两年代理本地执行案件时，法院采取查封、扣押、冻结措施后，申请执行人被告知的情况：

1. 均被告知　　　2. 多数被告知　　　3. 少数被告知

4. 从未被告知　　5. 未代理过

B9. 您近两年代理本地执行案件时，法院立案后，即主动采取"五查"（查控被执行人的房产、股票、银行存款、车辆、工商股权）来查询和控制被执行人财产，您认为法院主动采取该措施是否必要：

1. 必要　　　　　2. 不必要　　　　　3. 无所谓

B10. 您近两年代理本地执行案件时，法院立案后，即主动将被执行人信息列入征信系统，您认为法院主动采取该措施是否必要：

1. 必要　　　　　　2. 不必要　　　　　　3. 无所谓

B11. 近两年本地执行案件是否存在评估机构的选择或评估程序不规范的情况：

1. 存在，请说明具体情况＿＿＿＿＿＿＿＿＿＿

2. 不存在　　　　　　　　3. 不清楚

4. 代理的案件无评估环节　　　5. 未代理过

B12. 近两年本地执行案件是否存在查封物的评估价格不合理的情况：

1. 存在，请说明具体情况＿＿＿＿＿＿＿＿＿＿

2. 不存在　　　　　　　　3. 不清楚

4. 代理的案件无评估环节　　　5. 未代理过

B13. 近两年本地执行案件，在拍卖机构的选择上是否规范：

1. 普遍规范　　　2. 个别不规范　　　3. 普遍不规范

4. 不好说　　　5. 未代理过

B14. 您近两年代理本地执行案件时是否遇到过执行人员"吃拿卡要"的情况：

1. 经常遇到　　　2. 偶尔遇到　　　3. 从未遇到

4. 不好说　　　5. 未代理过

B15. 本地法院在网上发布限高、悬赏等公告时，是否向当事人收费：

1. 从不收费　　　2. 偶有收费　　　3. 均收费

4. 不清楚　　　5. 未代理过

B16. 您近两年代理的本地执行案件，法院是否将划扣到的执行款（扣除法定执行费用）后全额发放：

1. 均全额发放　　　2. 多数全额发放　　　3. 少数全额发放

4. 不清楚　　　　　5. 未代理过

B17. 您如何评价法院采取司法拘留措施的实际情况：

1. 凡符合法定要件的，均会采取

2. 有些应该采取的，却没有采取

3. 很少采取

4. 所代理案件无相关情况

5. 未代理过

B18. 在本地代理执行案件时，向法院提出执行异议：

1. 均得到处理　　　2. 多数得到处理　　　3. 少数得到处理

4. 从未得到处理　　5. 从未提出过　　　　6. 未代理过

B19. 自2013年以来，向法院投诉、举报执行不规范行为的渠道：

1. 畅通　　　　　　2. 不畅通　　　　　　3. 不好说

4. 未体验过　　　　5. 未代理过

B20. 您如何评价本地法院目前所采取的解决执行难的措施？

B20.1. 将被执行人信息纳入征信系统：

1. 有效　　　　　　2. 无效　　　　　　　3. 说不清

B20.2. 启动边控、布控措施：

1. 有效　　　　　　2. 无效　　　　　　　3. 说不清

B20.3. 启用鹰眼查控网查找被执行人财产：

1. 有效　　　　　　2. 无效　　　　　　　3. 说不清

B20.4. 实行执行集约，执行实施工作由一个部门统一进行，提高效率：

1. 有效　　　　　　2. 无效　　　　　　3. 说不清

B20.5. 将有能力履行而不履行的被执行人列入失信被执行人名单：

1. 有效　　　　　　2. 无效　　　　　　3. 说不清

B20.6. 对被执行人采取限制高消费等措施：

1. 有效　　　　　　2. 无效　　　　　　3. 说不清

B20.7. 其他措施（请列明＿＿＿＿＿＿＿＿＿＿＿＿＿）

B21. 请您列举您认为最有效的解决"执行难"措施？

答：

B22. 您认为"执行难"难在何处，法院应采取什么措施？

答：

附件四 其他地区律师问卷

A1. 您的学历：

1. 专科及以下   2. 本科及同等学力

3. 硕士及同等学力   4. 博士及同等学力

A2. 您的年龄：_____周岁

A3. 您目前主要执业地点：_____省_____市

A4. 您从事执业律师的年限：_____年

A5. 您从事的律师业务主要是：

1. 诉讼   2. 非诉讼   3. 诉讼与非诉讼比例相当

A6. 您代理的案件类型主要是：

1. 涉外案件   2. 境内案件   3. 两类案件均有

A7. 您代理的当事人主要是：

1. 大型企业   2. 中小企业

3. 个人   4. 前三类当事人均有

B1. 您2013年以来代理的执行案件的数量约有_____件，其中本地执行案件约有_____件，外地执行案件约有_____件。

B2. 您所代理的案件是否存在执行难问题：

1. 存在   2. 不存在

3. 部分存在   4. 未代理过

B3. 根据您代理执行案件的经验，按顺序列举执行最不规范的三个省（市）：

1. _____ 2. _____ 3. _____ 4. 不好说 5. 未代理过

B4. 经过法院向相关职能部门查询后，被执行人名下无可供执行财产，您认为将这种情况视为执行不能，属于债权人应当自行承担的商业风险，而不是法律意义上的执行难，是否合理？

1. 合理　　　2. 不合理

B5. 请评价近两年本地法院的执行行为：

1. 好于外地　　2. 跟外地差不多

3. 外地有的更好（请列明_____）

4. 不好说　　　5. 未代理过

B6. 您近两年代理本地执行案件时，递交执行申请后，法院告知准予或不准予立案的情况：

1. 均告知　　2. 多数告知　　　3. 少数告知

4. 从未告知　　5. 未代理过

B7. 您近两年代理本地执行案件时，申请执行人（或代理人）是否收到被执行人财产查询结果的通知：

1. 均收到　　2. 多数收到　　　3. 少数收到

4. 从未收到　　5. 未代理过

B8. 您近两年代理本地执行案件时，法院采取查封、扣押、冻结措施后，申请执行人得到告知的情况：

1. 均被告知　　2. 多数被告知　　　3. 少数被告知

4. 从未被告知　5. 未代理过

B9. 您近两年代理本地执行案件时，本地法院立案后，是否主动采取"五查"措施（查控被执行人的房产、股票、银行存款、车辆、工商股权）查询和控制被执行人财产：

1. 有　　　　　2. 没有　　　　　3. 不清楚

B10. 您近两年代理本地执行案件时，本地法院立案后，是否会主动将被执行人信息列入征信系统：

1. 是　　　　　2. 否　　　　　3. 不清楚

B11. 近两年本地执行案件是否存在评估机构的选择或评估程序不规范的情况：

1. 存在，请说明具体情况_____

2. 不存在　　　　　3. 不清楚

4. 代理的案件无评估环节　　　　　5. 未代理过

B12. 近两年本地执行案件是否存在查封物的评估价格不合理的情况：

1. 存在，请说明具体情况_____

2. 不存在　　　　　3. 不清楚

4. 代理的案件无评估环节　　　　　5. 未代理过

B13. 近两年本地执行案件，在拍卖机构的选择上是否规范：

1. 普遍规范　　　　　2. 个别不规范　　　　　3. 普遍不规范

4. 不好说　　　　　5. 未代理过

B14. 您近两年代理本地执行案件时是否遇到过执行人员"吃拿卡要"的情况：

1. 经常遇到　　　　　2. 偶尔遇到　　　　　3. 从未遇到

4. 不好说　　　　　5. 未代理过

B15. 本地法院在网上发布限高、悬赏等公告时，是否向当事人收费？

1. 从不收费　　　　　　2. 偶有收费　　　　　　3. 均收费

4. 不清楚　　　　　　　5. 未代理过

B16. 您近两年代理的本地执行案件，法院是否将划扣到的执行款（扣除法定执行费后）全额发放：

1. 均全额发放　　　　　2. 多数全额发放　　　　3. 少数全额发放

4. 不清楚　　　　　　　5. 未代理过

B17. 您如何评价法院采取司法拘留措施的实际情况：

1. 凡符合法定要件的，均会采取

2. 有些应该采取的，却没有采取

3. 很少采取

4. 所代理案件无相关情况

5. 未代理过

B18. 本地代理执行案件时，向法院提出执行异议：

1. 均得到处理　　　　　2. 多数得到处理　　　　3. 少数得到处理

4. 从未得到处理　　　　5. 从未提出过　　　　　6. 未代理过

B19. 自 2013 年以来，向法院投诉、举报执行不规范行为的渠道：

1. 畅通　　　　　　　　2. 不畅通　　　　　　　3. 不好说

4. 未体验过　　　　　　5. 未代理过

B20. 请您列举您认为最有效的解决"执行难"措施？

答：

B21. 您认为"执行难"难在何处，法院应采取什么措施？

答：

附件五　案卷抽查问题清单

阅卷时间＿＿＿＿＿月＿＿＿＿＿日　　填报人＿＿＿＿＿＿＿＿＿＿＿

案号＿＿＿＿＿＿＿＿＿＿＿

1. 结案方式？

A. 驳回执行申请　　　　　　　B. 不予执行

C. 部分执行完毕　　　　　　　D. 全部执行完毕

E. 终结本次执行程序　　　　　F. 终结执行

G. 其他＿＿＿＿＿＿＿＿＿＿＿

2. 申请人是否预交了执行费？

A. 是　　　　　B. 否　　　　C. 无法确定

3. 是否采取了"五查"措施？

A. 是　　　　　　　　　　　　B. 否

C. 进行了部分查询　　　　　　D. 不需要

4. 是否给被申请人送达执行措施（查封、扣押、冻结、划拨等）的裁定书？

A. 有裁定书、有送达　　　　　B. 有裁定书、无送达

C. 无裁定书、有送达记录　　　D. 无裁定书、无送达记录

E. 不适用

5. 是否向被申请人送达执行财产处置信息（委托评估、拍卖、变卖、以物抵债等）？

A. 有裁定书、有送达　　　　　B. 有裁定书、无送达

C. 无裁定书、有送达记录　　　D. 无裁定书、无送达记录

E. 不适用

6. 是否有记录显示向申请人送达执行中止、终结信息?

A. 有文书、有送达　　　　　　B. 有文书、无送达

C. 无文书、有送达记录　　　　D. 无文书、无送达记录

E. 不适用

7. 是否有执行款项的收取凭据?

A. 有　　　　　B. 无　　　　　C. 不适用

8. 是否有执行款项的发还凭据?

A. 有收款人签名　　　　　　　B. 无收款人签名

C. 无凭据　　　　　　　　　　D. 不适用

9. 以"终结本次执行程序"结案的,理由: _____。

10. 以"终结本次执行程序"结案的,是否经过合议庭的合议?

A. 是　　　　　　　　　　　　B. 否

C. 无法确定　　　　　　　　　D. 不适用

11. 以"终结本次执行程序"结案的,是否有申请人的结案申请?

A. 有　　　　　B. 无　　　　　C. 不需要

12. 以"终结本次执行程序"结案的,是否经过领导审批?

A. 是　　　　　　　　　　　　B. 否

田禾，中国社会科学院法学研究所法治国情调研室主任、国家法治指数研究中心主任、研究员、《法治蓝皮书》主编、法治指数创新工程首席专家。研究方向：实证法学、司法制度。

高树，深圳市律师协会会长，深圳市社会组织总会监事长，广东华商律师事务所主任、首席合伙人。

吕艳滨，中国社会科学院法学研究所研究员、法治蓝皮书工作室主任、国家法治指数研究中心副主任、《法治蓝皮书》副主编、法治指数创新工程执行专家。研究方向：行政法、信息法。

张斌，深圳市律师协会副会长，广东卓建律师事务所首席合伙人、主任，深圳市政协委员，法学博士，高级经济师。

王小梅，中国社会科学院法学研究所副研究员、法治指数创新工程执行专家。研究方向：行政法、信息传媒法、司法制度。